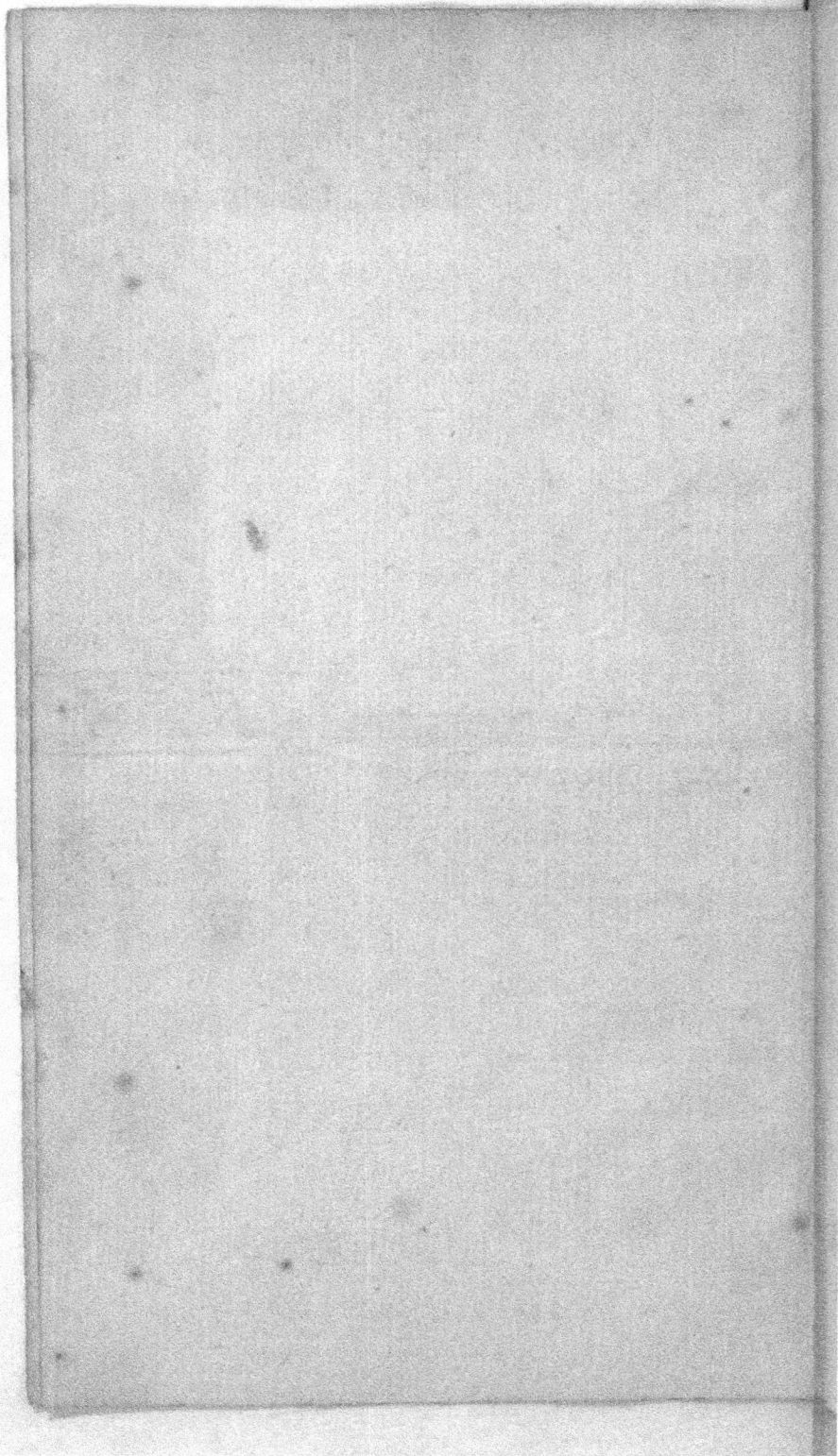

HISTOIRE
DE MONSIEUR
CLEVELAND.

HISTOIRE
DE MONSIEUR
CLEVELAND.

LE PHILOSOPHE
ANGLOIS,
OU
HISTOIRE
DE MONSIEUR
CLEVELAND,

FILS NATUREL DE CROMWELL;

ECRITE PAR LUI-MEME,

Et traduite de l'Anglois,

NOUVELLE EDITION.

TOME TROISIEME.

A UTRECHT,

Chez ETIENNE NEAULME.

M. DCC. XXXVI.

LE PHILOSOPHE ANGLOIS,

OU

HISTOIRE

DE Mr.

CLEVELAND,

FILS NATUREL

DE CROMWEL.

LIVRE QUATRIE'ME.

QUOIQUE la présence continuelle de mes peines ne me
laissât gueres de goût pour la
joye, le bonheur d'avoir rencontré un Frere si aimable, son récit,

ses caresses, & l'attente de voir Gelin
& Johnston, que je me représentois sous
une idée avantageuse, suspendirent ma
tristesse pour quelques momens. Ils en-
trerent; & moi, pour marquer à Bridge
que j'avois déja pour eux les sentimens
qu'il desiroit, j'allai au-devant d'eux, &
je les embrassai avec un air d'ouverture
& de tendresse qui les surprit. Ils regar-
derent Bridge, pour lui faire connoître
leur embarras: Rassurez-vous, leur dit-
il, en s'attendrissant de nouveau ; ce
Captif est mon Frere. Je l'ai déja instruit
de nos infortunes ; il m'aidera à reconnoître les obligations que je vous ai. Il
fallut leur expliquer en peu de mots mon
avanture ; & j'eus peine après cela à
suffire à l'ardeur de leurs caresses & de
leurs embrassemens. Gelin portoit dans ses
yeux & dans ses mouvemens, tout ce que
mon Frere m'avoit dit de sa vivacité. Il
n'étoit pas besoin de me le nommer,
pour le faire connoître. En un moment,
il fut aussi familier avec moi, que s'il n'eût
point eu d'autre Compagnon toute sa
vie. Ses manieres étoient aisées, & sa figure prévenante. Johnston paroissoit
plus timide & plus retenu. Il parloit peu,

mais dans cette réferve il étoit aifé de
remarquer un efprit judicieux, avec
toutes les apparences d'un excellent
naturel. Si vous êtes malheureux en
Amour, dis-je à mon Frere, vous êtes
partagé bien heureufement du côté de
l'amitié. Vos peines font grandes, &
vos confolations le font auffi. Pour moi,
tout eft extrême dans mon infortune; &
je n'y vois ni adouciffement, ni remede.

Il me répondit, qu'il ne connoiffoit
point encore affez mes peines, pour me
propofer des remedes; mais que fi je
croyois l'amitié propre à les adoucir,
c'étoit une confolation que j'allois avoir
deformais comme lui. Ses Compagnons
me dirent auffi mille chofes obligeantes,
fur le fonds que je devois faire fur leurs
fervices & fur leur affection. Je voyois
bien qu'ils pouvoient m'être utiles; mais
les fervices que je pouvois attendre d'eux
étoient d'une nature à n'ofer prefque les
demander. Il eût fallu premierement,
que, fans écouter trop la prudence, &
fans confiderer le mauvais état de leur
Vaiffeau & l'inégalité du nombre, ils
m'euffent prêté leur fecours pour délivrer Madame Lallin des mains du per-

A ij

fide Will. Le fort de cette bonne Dame me touchoit jufqu'au fond du cœur, & j'aurois crû une partie de mon fang bien employée, pour lui procurer la liberté. Au défaut de cette premiere faveur, que je ne pouvois les preffer raifonnablement de m'accorder, j'aurois fouhaité qu'ils m'euffent conduit fur fes traces jufqu'à la Jamaïque, pour me plaindre au Gouverneur Anglois de la violence du Capitaine Will, & lui demander juftice. Enfin cette feconde démarche n'étant point encore fans danger, parce que le Capitaine Will, qui favoit tous mes deffeins, ne manqueroit point de prévenir contre moi le Gouverneur; j'aurois voulu du moins qu'ils m'euffent conduit à la Martinique, où j'efperois de pouvoir trouver encore Mylord Axminfter; & qu'ils fe fuffent joints à ce Seigneur & à moi, pour fauver d'abord Madame Lallin, & pour favorifer enfuite l'exécution des ordres du Roy. Voilà les feuls fervices qui convenoient à mes peines, & qui pouvoient les adoucir.

Mais quelle apparence de les obtenir, ou de pouvoir même les propofer ? Mon

Frere & ses Amis avoient leurs propres infortunes, qu'ils croyoient aussi pressantes que les miennes. Ils avoient besoin, comme moi, d'assistance & de consolation; & ils attendoient peut-être de moi les secours que je pensois à leur demander. Cependant je pris le parti de les sonder dès le premier jour, & de leur laisser entrevoir quelque chose de mes desirs, ne fût-ce que pour leur ôter l'esperance que je pusse consentir à les accompagner long-tems. Je leur appris les motifs de mon départ de France; les raisons d'honneur & d'amour qui m'appelloient à la suite du Vicomte d'Axminster; les obligations que j'avois à Madame Lallin, qui ne permettoient pas de tarder à la secourir : enfin, la résolution déterminée où j'étois de profiter des premieres occasions de continuer ma route vers l'Amerique. Il est bien triste pour moi, leur dis-je, que la satisfaction de vous voir me soit ravie presque aussi-tôt qu'elle m'est accordée; mais je me dois aux plus indispensables & aux plus saints de tous les engagemens. Comparez ma situation à la vôtre. Vous brûlez d'ardeur de revoir des Epouses, dont vous

A iij

êtes sûr d'être aimés, pour lesquelles vous n'appréhendez rien, & dont l'abfence est la seule raison qui vous afflige. Il ne vous manque qu'un heureux coup de vent, qui vous pousse sur les bords de leur Isle. Vous êtes sûr, dites-vous, ou de les enlever la nuit, ou de les obtenir de jour à force ouverte; vous n'êtes point allarmé des obstacles, vous n'avez besoin que d'un peu de patience, pour découvrir ce qui ne sauroit échapper tôt ou tard à vos recherches. Heureux Amans! de quoi accusez-vous donc la Fortune & l'Amour? C'est à moi, que les plaintes conviennent. Je cherche mon Epouse: helas! je lui donne un nom qu'elle n'a point encore. Si j'étois asurré du moins qu'elle dût le porter quelque jour! Je la cherche, & je suis sûr de la trouver irritée. J'ignore si mes justifications auront le pouvoir de l'appaiser. Son Pere me hait & me méprise; la mort me seroit moins insupportable, que son mépris & sa haine. Quelle voye prendrai-je pour le retrouver, & pour me remettre dans son estime? Le Ciel m'en avoit offert une, dans cette Dame génereuse, qui étoit la Compa-

gne de mon voyage : j'ai perdu son secours, par une perfidie sans exemple.
J'ai peut-être à me reprocher son malheur, auquel elle s'est exposée en partie
par tendresse & par estime pour moi. Je
suis un ingrat & un misérable, si je perds
un moment pour la secourir, & si je pré-
fere quelque chose à un devoir si juste.
Ainsi voyez quel doit être le desordre
de mon cœur & la division de mes sentimens ; appellé de deux côtés l'amour,
l'honneur, & la reconnoissance, & retenu ici par la présence & l'amitié d'un
Frere, que je ne quitterai qu'avec un
mortel regret.

Bridge me répondit, qu'il concevoit
aisément que mes peines ne devoient
point être inferieures aux siennes, &
qu'il étoit vivement affligé de ne se trouver capable de rien pour ma consolation.
Je fus faché qu'il eût compris si mal le
but de mon discours. Peut-être n'aurois-
je osé m'expliquer plus clairement, si
Gelin ne m'en eût donné l'occasion, en
me proposant de les accompagner à la
recherche de leur Isle. Je ne saurois me
persuader, me dit-il, que nos efforts
soient toujours inutiles. J'explique même

votre rencontre comme un heureux pré-
sage. Nous touchons peut-être au moment de voir ce que nous cherchons.
Or si ce bonheur arrive aussi-tôt que je
l'espere, je consens de bon cœur à remonter en Mer avec vous, & à vous
seconder dans toutes vos entreprises.
Bridge & Johnston me firent la même
promesse. Ils ajoûterent, que leurs
Epouses seroient du voyage, & que
nous pourrions nous établir tous ensemble dans quelqu'une de nos Colonies, ou retourner de compagnie en Europe.

Je baissai les yeux en silence, en mé-
ditant sur ce projet. Bridge s'apperçut
bien que je ne le goûtois point, & il
m'en demanda la raison. Je lui dis naturellement qu'il m'étoit impossible d'y
consentir. Mais, reprit-il, où esperez-
vous trouver un Vaisseau qui vous porte
en Amerique ? Je lui répondis : Cher
Bridge, je ne vous cacherai pas mes esperances ; je les fonde sur votre génereuse
amitié, & sur celle de vos Compagnons.
Un délai de quelques mois ne sauroit
mettre de changement dans votre sort &
dans celui de vos Epouses. Elles vous ai-

ment ; l'Amour vous les conferve, elles
vous feront fideles. Je vous conjure d'interrompre vos recherches pendant quelques jours, pour me conduire à la Martinique. Attendez, continuai-je, en levant la voix, pour prévenir le premier
mouvement qui les eût pû porter à re-
jetter ma demande, mes chers Amis, attendez, & ne refufez pas d'entendre mes
raifons. Bridge & Johnfton, vous êtes
Anglois, vous êtes dans le parti du Roy
Charles, notre légitime Souverain ; fon-
gez quel honneur vous pouvez vous acquerir, & à quelles récompenfes vous
devez vous attendre en vous employant
avec Mylord Axminfter à l'avancement
de fes interês. Ce Seigneur a befoin d'ê-
tre foutenu par des perfonnes de réfolution. Le courage fera plus que le nombre. En Amerique, vingt braves Soldats font une Armée. Vous pouvez ainfi
rendre au Roy, & à toute l'Angleterre
un fervice de la derniere importance, &
cela fans vous expofer beaucoup : car
Milord Axminfter eft aimé dans nos Colonies ; il lui fuffira de fe préfenter pour
être obéi, & à vous de le conduire &
de l'accompagner. Il ne fera pas plûtôt

reconnu dans sa Commission, qu'il vous accordera la liberté de retourner à votre entreprise, avec tous les secours qui pourront vous en assurer le succès ; & je m'engage à retourner moi-même alors avec vous. Considerez, que ce que je vous propose est aussi avantageux que facile. Gelin n'est pas Anglois, mais il est génereux ; & en travaillant pour sa gloire, il voit bien qu'il travaillera aussi pour sa fortune, & par conséquent pour celle de son Epouse. Si le souvenir de Madame Riding, continuai-je, en m'a-dressant à Bridge, pouvoit ajoûter quelque chose à de si grands motifs, je vous parlerois de la tendresse infinie qu'elle a pour vous, & de la reconnoissance que vous lui devez. Quelle joye ne lui causeroit point votre présence, & quelle occasion plus favorable aurez-vous jamais de satisfaire à une partie de vos obligations, pour le soin génereux qu'elle a pris de votre enfance ?

Je ne sai si ce fut la force de ces raisons, ou le ton de mes paroles qui fit impression sur Bridge ; mais je remarquai qu'il reflechissoit profondément sur ce qu'il avoit entendu. Gelin fut le premier

à répondre, qu'il trouvoit de la folidité
dans ma propofition, & que fans compter l'honneur de rendre un fervice confiderable au Roy d'Angleterre, & la fatisfaction de m'obliger, il croyoit, comme je l'avois dit, que je leur ouvrois une
voye de fortune & d'établiffement. Ils
s'accorderent enfin tous trois à penfer la
même chofe; & la feule difficulté qui
parut les arrêter, fut la longueur du
tems qu'une telle entreprife fembloit demander. Ils en revinrent à me preffer de
tourner avec eux vers leur Ifle, & d'employer encore à leurs recherches un certain nombre de jours que nous limite-
rions; au bout defquels, fi le Ciel ne
les favorifoit pas plus qu'il n'avoit
fait jufqu'alors, ils me donnoient leur
parole de me conduire à la Martinique,
& de feconder Mylord Axminfter dans
tous fes deffeins. Cette fpécieufe promeffe ne m'ébranla point. Je renouvellai mes inftances, & je leur repréfentai
fi vivement la difference de nos fitua-
tions, c'eft-à-dire le peu de rifque qu'il
y avoit pour eux à différer leur recherche, & l'importance dont il étoit pour
Mylord d'être promptement fecouru,

qu'ils se rendirent à mes desirs & à mes sollicitations. Charmé de cette victoire, je les enflammai par de nouveaux motifs ; & pour ne pas laisser à leur ardeur le tems de se refroidir, je les engageai à tourner leurs voiles sur le champ vers l'Amerique. Leurs Matelots & leurs Soldats marquerent d'abord quelque mécontentement de notre résolution ; mais il nous fut aisé de les appaiser, en leur promettant des récompenses proportionnées à leurs services.

Bridge & ses Compagnons me firent valoir infiniment le sacrifice qu'ils m'avoient fait. Je confessai volontiers qu'il surpassoit toutes les marques qu'ils pourroient recevoir de la reconnoissance de Mylord Axminster & de la mienne. Cependant il étoit vrai dans le fond qu'ils ne pouvoient prendre de parti plus avantageux, à ne consulter même que leurs seuls interêts. Ils eurent lieu de le reconnoître encore mieux dans la suite, & de se reprocher l'inconstance qui les fit changer de résolution. Nous voguâmes avec un vent si favorable, que nous n'employâmes point un mois à gagner la Martinique. Notre Pilote n'avoit mal-

heureusement qu'une connoissance incertaine de ces Mers, & des Isles dont
elles sont remplies. Il savoit la situation
de la Martinique ; mais n'en ayant jamais
fait le voyage, il n'en connoissoit point
les côtes ni les Ports : de sorte qu'au lieu
de prendre sa route vers la partie Occi-
dentale de cette Isle, qui étoit alors la
seule habitée par les François, il tourna
tout-à-fait vers l'Orient, qui étoit encore un côté desert, ou peuplé seulement de Sauvages. On les nomme communément *Caraïbes*. Après un circuit de
cinq ou six heures autour de la côte,
nous arrivâmes à l'embouchure d'une
belle Riviere, au long de laquelle les
yeux pouvoient s'étendre fort loin dans
les Terres. Nous y entrâmes sans balancer, & la campagne nous offrant des
deux côtés des perspectives fort riantes,
nous ne doutâmes point que ce quartier
de l'Isle ne fût un des plus habités. Il
l'étoit en effet, mais par les Caraïbes.
Ces Peuples sont cruels. Il n'y eut qu'un
bonheur extrême qui pût nous faire
échapper de leurs mains. Comme la Riviere se rétrécissoit à mesure que nous
avancions, le Pilote qui craignoit que

nous n'y trouvaſſions point par-tout aſſez
d'eau, nous conſeilla de prendre terre
ſur l'une ou l'autre rive, & de chercher
à pied des traces d'hommes, & des marques d'habitation. Son conſeil fut ſuivi.
Johnſton demeura ſeul ſur le Vaiſſeau
avec les Matelots, & ſix Soldats; &
nous en ſortîmes bien armés, au nombre
de douze. Nous ſuivîmes le bord de la
Riviere, environ l'eſpace d'une lieuë,
toujours perſuadés qu'un Pays ſi agréable ne pouvoit être ſans quelque Colonie de l'Europe. Une multitude de Cabanes que nous découvrîmes dans un
vallon, nous confirma agréablement
dans cette penſée. Notre ardeur à marcher redoubla, & nous fûmes en un moment à portée de diſtinguer ce que nous
n'avions appeçû qu'avec confuſion dans
l'éloignement. Je ſuis trompé, nous dit un
de nos Soldats, ſi ces Cabanes ne ſont
point habitées par des Sauvages. Il nous
aſſura qu'ayant fait pluſieurs fois le voyage d'Amérique, il connoiſſoit la ſtruc-
ture de leurs logemens. Cet avis nous
engagea à nous tenir ſur nos gardes.
Nous continuâmes neanmoins d'avancer, juſqu'à ce que nous apperçûmes

plusieurs hommes nuds, que nous reconnûmes alors clairement pour les Habitans naturels de l'Isle.

Ils prirent la fuite à notre vûe. Nous étions si bien armés, que nous n'appréhendions point des gens qui nous paroissoient sans défense. Ainsi nous résolûmes d'entrer dans l'Habitation, & de nous informer par des signes, si nous ne pouvions nous faire entendre autrement, de quel côté il falloit chercher l'Etablissement des François. A cinquante pas des premieres Cabanes, nous passàmes une haye qui bouchoit l'entrée d'une grande Prairie, au milieu de laquelle l'Habitation étoit placée. Nous étions sans défiance, lorsqu'en tournant la tête au long de la Haye, du côté interieur de la Prairie, nous découvrîmes plus de deux cent Sauvages qui étoient assis tranquillement, & qui se leverent en poussant un grand cri, lorsqu'ils nous eurent apperçus. Toute notre résolution ne nous empêcha pas d'être effrayés. Quoique nuds, la plûpart avoient des armes. C'étoient des arcs & de grands bâtons pointus, à peu près semblables à nos Piques. Ils furent quelque temps à nous considerer, sans faire

le moindre mouvement. Leur embarras
étoit peut-être égal au nôtre , car nous
demeurâmes de notre côté aussi immobi-
les qu'eux. Cependant , comme il falloit
prendre une résolution , & que ce soin
paroissoit me regarder , puisque c'étoit
pour me rendre service que mes Compagnons se trouvoient exposés au danger ,
je leur dis : Je crois qu'il y a un milieu à
prendre ici entre l'abattement & la témerité. Il faut voir s'il y a quelque chose à
esperer de l'humanité de ces Sauvages. Je
me charge volontiers d'aller à eux. Te-
nez vos armes en état , & ne quittez
point la place où vous êtes. Ils ne s'allar-
meront point sans doute , lorsqu'ils me
verront venir seul avec des apparences
tranquilles. Je n'attendis pas la réponse
de mes Compagnons , parce que j'appréhendois à tout moment qu'il ne prît envie aux Sauvages de fondre sur nous.
Nous n'étions éloignés d'eux que de
vingt pas ; je m'avançai. Peut-être au-
rois-je eu moins d'assurance , si j'eusse eu
le tems de faire plus d'attention au peril.
Je conservai néanmoins assez de présence
d'esprit pour observer en marchant la
contenance des Sauvages , qui ne me parut

fut point menaçante, & je découvris parmi eux un homme couvert d'une longue robbe noire, que je crûs reconnoître pour un Européen. Les ayant abordé, je les saluai par une profonde inclination. Ils s'assemblerent en un instant autour de moi, & ils tâterent mes mains & mes habits, comme pour s'assurer que je n'avois point de mauvaises intentions. Je tâchai de me faire entendre par divers signes : ils me répondoient sans doute dans leur langage ; mais je ne pouvois rien démêler à des sons qui ne me paroissoient pas même articulés. L'homme vêtu de noir, qui avoit passé quelque tems à me considerer, s'approcha de moi, & je fus surpris de l'entendre me demander en François, de quelle Nation j'étois, & si je savois la Langue ? Je la sai, lui dis-je, & je regarde votre rencontre comme un bonheur extrême. Apprenez-moi ce que nous avons ici à craindre, ou à esperer. Il me répondit, qu'il y avoit peu de fonds à faire sur le caractere farouche & capricieux des Peuples de l'Isle, & qu'il admiroit notre hardiesse, de nous être hazardés à venir parmi eux en si petit nombre. La vôtre est bien plus gran-

de, repris-je, puisque vous y êtes seul,
& que vous paroiſſez vivre ſans crainte
avec eux. Il m'apprit qu'il étoit Miſſionaire François, & que le deſir de donner quelques idées de Chriſtianiſme à
ces Peuples barbares, lui faiſoient compter pour rien les périls auſquels ſa vie
étoit expoſée à tout moment. J'admire
votre zele, lui dis-je, ſi vous n'avez
point d'autre interêt en vûe que celui
de la Religion. Mais étendez votre cha-
rité juſqu'à nous, & tâchez de nous concilier l'eſprit de vos Sauvages. Dites-leur
que nous ne leur demandons rien, &
que nous n'avons point d'autre deſſein
que de ſavoir d'eux où ſont les Habitations des François.

Il ſe mit à diſcourir avec eux pendant
quelques momens, & revenant à moi,
il me rendit un fort bon compte de ſa
négociation. Il avoit obtenu d'eux qu'ils
me laiſſeroient retourner avec lui vers
mes Compagnons, pour nous informer
lui-même de ce que nous deſirions d'apprendre; & qu'ils nous permettroient
de regagner notre Vaiſſeau, ſans nous
faire la moindre inſulte. Je les quittai
avec le Miſſionaire, qui voulut m'ac-

compagner. Gelin, charmé de rencontrer un homme de fa Nation, vouloit l'interroger fur quantité de chofes qui euffent allongé beaucoup notre entretien;
mais cet honnête homme, qui connoiffoit le naturel des Sauvages, & qui ne
nous croyoit pas encore échappés tout
à fait du péril, nous confeilla de profiter promptement de l'heureufe difpofition où il les avoit mis, en nous faifant
entendre qu'elle pouvoit changer. Nous
nous contentâmes alors de lui demander
quelques lumieres fur la fituation de la
Colonie Françoife; &, par un bonheur
que nous n'efperions point, fes répon-
fes fervirent à nous éclaircir fur le principal objet de notre voyage. Après
nous avoir dit que le Fort-Royal, qui
étoit alors la plus confiderable Habitation des François, ne pouvoit nous
échapper, fi nous continuions de côtoyer l'Ifle, il nous apprit, que n'en
étant parti lui-même que quinze jours
auparavant, il y avoit vû arriver un
Vaiffeau de France, fur lequel étoit un
Seigneur Anglois avec fa famille. Il étoit
clair que ce ne pouvoit être un autre
que Mylord Axminfter. Cette penfée me

causa toute la joye qu'on peut s'imaginer. Je me hâtai de faire une infinité de questions au Missionaire. Quoiqu'il ne fût point informé des desseins du Vicomte, ni du terme de son voyage, il nous rendit un service inestimable, en nous apprenant que ce Seigneur avoit trouvé, peu de jours après son arrivée au Fort-Royal, un Vaisseau Espagnol, sur lequel il s'étoit embarqué pour l'Isle de Cube. La Martinique n'avoit rien après cela qui pût nous arrêter. Je remerciai cent fois le Missionaire, & je pressai mes Compagnons de retourner au Vaisseau. Nous n'eûmes point de peine à le retrouver, Gelin eût souhaité que son Compatriote nous eût accordé son entretien jusqu'au bord de la Riviere; mais il nous refusa cette faveur, pour nous rendre un service plus important. La connoissance qu'il avoit des Sauvages, lui fit craindre qu'ils ne nous laissassent point retirer aussi tranquillement qu'ils l'avoient promis; & il crut devoir retourner à eux, pour les entretenir dans les sentimens où il avoit tâché de les mettre.

Nous remontâmes en Mer, avec l'es-

perance presque certaine de joindre Milord Axminster à la Havana , qui est la
Capitale de l'Isle de Cube. L'éloignement n'étoit point extrême , & suivant
le rapport du Missionaire , il n'avoit pas
sur nous plus de quinze jours d'avance.
Je conçus aussi-tôt par quel motif il avoit
pris le parti de se rendre à la Havana.
Il esperoit y trouver encore l'ancien
Gouverneur , Pere de son Epouse , &
tirer peut-être de lui quelque secours
pour l'exécution de ses entreprises. Mes
vœux ardens nous obtinrent du Ciel un
tems favorable. Nous gagnâmes la Havana , & nous fûmes reçus sans difficulté dans le Port. Mais ce n'étoit que la
moindre partie de mes desirs , & le succès m'en devint fort indiffere nt , lorsque
je ne vis point l'autre acco mplie. Mylord étoit déja parti. Nous apprîmes
cette triste nouvelle , en touchant la Terre. Mon sang se glaça tout d'un coup ,
& je tirai un mauvais augure de ce premier renversement de mes esp erances.

Nous entrâmes neanmoi ns dans la
Ville. Don Francisco d'Ar pez en étoit
encore Gouverneur. Nous demandâmes
l'honneur de lui être présentés , & il

nous reçut humainement. Je lui dis que
je cherchois son Gendre. Je suis aussi
fâché qu'il soit parti d'ici, me répondit-
il, que vous l'êtes de ne l'y pas trouver. J'ai fait mille efforts inutiles pour
le retenir. Don Francisco ne s'expliqua
ainsi d'abord que d'une maniere vague ;
mais m'étant ouvert à lui davantage, lorfque j'eus reconnu qu'il étoit bien difpofé pour Mylord, il ne fit pas difficulté de
m'apprendre ce qui s'étoit paffé entre ce
Seigneur & lui, dans le peu de fejour
qu'il avoit fait à la Havana. Je l'ai vû
arriver avec joye, me dit-il ; & quoique
je dûffe peut-être conferver encore quelque reffentiment de l'ancien outrage
qu'il m'a fait en enlevant ma Fille, fa
préfence, & les careffes de la petite Fanny m'ont fait tout oublier. Il m'a raconté fes malheurs, & le dérangement de
fa fortune ; je lui ai offert ici un afile,
avec la moitié de mon bien : mes inftances & mes offres n'ont point été capables
de le retenir. Il m'a parlé de je ne fai
quelle commiffion dont il s'eft chargé
pour le fervice du Roy fon Maître, &
il m'a propofé de lui donner quelques
fecours d'Armes & de Soldats. Mais,

outre que je n'ai point ici présentement de Vaisseaux de Guerre dont je puisse disposer ; je n'ai pas crû que , sans un ordre particulier de mon Roy , il me fût permis de rien entreprendre au préjudice de la République d'Angleterre , qui est alliée maintenant à l'Espagne. Mon refus l'a chagriné. Il a pris l'occasion d'un Vaisseau François, qui faisoit voile vers le Nord, pour se remettre en Mer, après avoir tiré promesse du Capitaine qu'il relâcheroit dans quelqu'une des Colonies Angloises , dont son Pere étoit autrefois Gouverneur. Je n'ai pû lui faire changer cette résolution , ajoûta Don Francisco, quoique je lui en aye représenté tous les dangers ; & je n'ai pas réussi mieux à lui persuader de me laisser du moins sa Fille , qui n'est gueres propre à l'accompagner dans une entreprise si périlleuse.

Quoi ! dis-je au Gouverneur , vous ne savez point à quel Port il avoit dessein d'aborder , ni quelle route nous devons prendre pour suivre ses traces ? Il m'assura qu'il l'ignoroit entierement ; mais que, suivant ses conjectures, il s'arrêteroit dans quelque partie de la Flo-

ride Angloife, & qu'il s'imaginoit que
ce feroit à la Caroline, ou dans la Virginie, à moins qu'il ne prît le parti d'aller droit jufqu'à la Nouvelle Angleterre.
Des lumieres fi peu certaines ne pouvoient fervir qu'à augmenter notre embarras. Ce fut néanmoins l'unique éclair-
ciffement que nous tirâmes dans l'Ifle de
Cube. En redoublant mon inquiétude,
elles enflammerent mon ardeur; & fans
penfer à faire un plus long féjour à la
Havana, je preffai mes Compagnons de
remettre promptement à la voile. Nous
gagnerons le continent, leur dis-je, &
nous mouillerons à chaque Port pour y
prendre langue. Il ne me parut point le
premier jour qu'ils fuffent éloignés de ce
fentiment. Nous nous retirâmes le foir,
dans le deffein de remonter dès le lendemain en Mer. Si je paffai une nuit inquiete & agitée, ce ne fut point la crainte de leur infidelité qui caufa mon infom-
nie; je n'en avois jamais eû la moindre
défiance: au contraire le fonds que je
faifois fur leur amitié étoit ma feule confolation; & je ne me croyois point encore haï du Ciel, puifqu'il me laiffoit
trois Amis généreux & fideles. Cependant,

dant, foit qu'ils euffent déja commencé
à fe repentir du voyage qu'ils avoient
entrepris, foit qu'ils fuffent effrayés de la
longueur & de l'incertitude de la nouvelle route que je leur propofois, ils prirent
cette nuit même la plus cruelle de toutes
les réfolutions. Ce fut Gelin qu'ils dépu-
terent au matin pour me l'annoncer.

Il entre feul dans la chambre où j'a-
vois couché. Après un prélude de civilités Françoifes; il me déclara, qu'il étoit
chargé par fes Compagnons de me marquer le regret qu'ils avoient de ne pouvoir m'accompagner plus long-tems. C'é-
toit pour eux, me dit-il, un fi mortel chagrin, qu'ils avoient paffé toute la nuit à
délibérer de quelle maniere ils devoient
m'apprendre cette fâcheufe nouvelle, &
qu'ils avoient fenti tous la même répugnance à en accepter la commiffion. Mais
l'état de leur propre fortune, & l'importance extrême dont il étoit pour eux de
ne pas differer trop long-tems à retourner à la recherche de leurs Epoufes, ne
leur permettoit pas de s'engager dans une
entreprife auffi douteufe & d'une auffi
longue durée que la mienne. Ils m'offroient leur bourfe, & tous les fecours

qu'ils étoient capables de m'accorder dans l'indigence où ils se trouvoient eux-mêmes. S'ils étoient assez favorisés du Ciel pour voir exaucer leurs desirs, ils me promettoient de reprendre la route d'Amerique avec leurs Epouses, & de se rendre au lieu qu'il me plairoit de leur assigner, pour me servir de tout leur pouvoir, & aux dépens même de leur vie. Enfin, dans la necessité où ils étoient de me quitter, ils seroient au desespoir si je ne leur faisois point la justice de reconnoître, que c'étoit la raison & l'honneur qui leur imposoient cette Loi ; & si je ne conservois pas pour eux autant d'estime & d'affection qu'ils m'en promettoient pour tout le reste de leur vie.

J'écoutai l'éloquent Gelin avec un serrement de cœur, dont tous mes efforts ne purent lui cacher qu'une partie. Je demandai si sa résolution étoit bien certaine, & si ses Compagnons pensoient comme lui. Elle est inébranlable, me répondit-il vivement, & nous pensons tous de la même maniere. Le ton seul dont il fit cette réponse, me persuada qu'il étoit l'auteur du dessein, comme il en avoit été l'Interprete ; & j'avouë

que je conçus dès ce moment contre lui
une aversion, qu'il m'a été ensuite impoffible de furmonter. On verra combien
j'ai eu depuis de nouvelles raifons de
l'augmenter, & de quels accidens fu-
neftes elle a été l'occafion. Je n'ajoûtai
ni plaintes, ni prieres, à la queftion que
je lui avois faite ; mais continuant toujours de compter beaucoup fur Bridge,
dont le caractere s'accordoit mieux avec
le mien, je me rendis à fa chambre, où je
le trouvai avec Johnfton. Il vint au-devant de moi, d'un air trifte & attendri.
Accufez-en votre mauvais fort & le
mien, me dit-il en m'embraffant, & croyez
qu'après ma chere Epoufe, vous êtes ce
que j'aime le mieux. Je vais périr pour
elle, s'il eft neceffaire ; mais tout ce qui
me reftera de fang & de force après l'a-
voir délivrée, comptez que je l'employe-
rai à votre fervice. Que dites-vous ? in-
terrompis-je : helas ! je ne vous demande
pas tant. Mes intérêts n'ont pas befoin
d'un fecours qui puiffe vous coûter du
fang. Qu'ai-je à fouhaiter de vous pour
moi-même ? que vous me conduifiez feulement dans quelque lieu d'où je puiffe
efperer de me rendre auprès de Mylord

Axminſter. Si je vous ai propoſé quelque choſe de plus dangereux, c'eſt pour
l'interêt de votre Roi, c'eſt pour votre
propre honneur, & pour votre avantage. Cette glorieuſe entrepriſe a-t'elle des
difficultés qui vous épouvantent ? renon-
cez-y, à la bonne heure. Mais pourquoi
refuſeriez-vous d'achever ce que vous
avez commencé en ma faveur ? Il ne vous
reſte preſque rien à faire. Aidez-moi du
moins à gagner le Continent. Mettez-
moi dans le premier Port de la Caroline.
Je vous rends alors votre foi & vos pro-
meſſes. Vous m'abandonnerez ſans infi-
délité. Mais l'honneur & l'amitié vous
permettent-ils de me laiſſer dans cette
Iſle ? Cher Bridge ! ajoûtai-je en l'em-
braſſant tendrement, êtes-vous encore
mon Frere ? Eſt-ce-là ce que j'attendois
de votre généroſité & de votre affection?

　Gelin, qui avoit été peut-être un peu
piqué de ce que je l'avois quitté ſi bruſ-
quement dans ma chambre, prit la parole avec feu, ſans laiſſer à mon Frere le
tems de me répondre. Il me demanda quel
ſujet j'avois de me plaindre, & ſi je ne
devois pas être ſatisfait de ce qu'ils a-
voient fait juſqu'alors pour mon ſervice ?

N'avoient-ils pas fait violence à leur plus chere inclination, en interrompant la recherche de leurs Epoufes ? N'avoient-ils point oublié leurs propres intérêts, pour s'attacher aux miens, qui n'étoient ni plus preffans, ni d'une autre nature que les leurs ? Nous devions trouver Mylord Axminfter à la Martinique, je ne leur avois pas propofé d'abord d'aller plus loin ; ils avoient eû néanmoins la complaifance de pouffer jufqu'à la Havana : de quoi pouvois-je les accufer? S'étoient-ils engagés à parcourir toutes les côtes de l'Amerique, & à m'accompagner jufqu'au fond de la Nouvelle Angleterre, où je ne manquerois pas de vouloir être conduit fi nous ne rencontrions point Mylord fur la route ? Quand ils euffent pû négliger jufqu'à ce point leurs cheres Epoufes, le mauvais état de leur Vaiffeau leur permettoit-il raifonnablement de recommencer un voyage de fix ou fept cens lieuës, fur-tout vers les Mers du Nord, où la Navigation eft plus difficile ? Non, non, mon cher Monfieur Cleveland, ajoûta le difert Gelin en branlant la tête, vous n'avez point de reproches à nous faire, & peut-être avez-vous quelques actions de graces à nous rendre. Confidérez que nous sommes Amans, comme vous, & que nous avons les mêmes empreſſemens & les mêmes deſirs. Nos devoirs ont même quelque choſe de plus indiſpenſable que les vôtre : il eſt queſtion de nos Epouſes, & votre inquiétude n'eſt que pour une Amante. Pour ce qui regarde le Roi d'Angleterre, nous aurions ſouhaité de pouvoir être utiles à ſes intérêts; mais il nous eſt encore moins poſſible de rendre ſervice à lui, qu'à vous. Il nous tiendra compte de nôtre bonne volonté, s'il peut ſavoir quelque jour combien elle étoit ſincere.

Après une explication ſi nette & ſi poſitive, je ſentis bien qu'il me reſtoit peu de choſe à eſperer. Bridge entreprit néanmoins d'adoucir ce que la réponſe de Gelin avoit eû de trop dur. Il me fit des excuſes, il m'embraſſa pluſieurs fois, il répandit même des larmes, & il m'offrit pour concluſion, de paſſer encore la Mer de Bahama, & de me conduire juſqu'à la pointe de la Preſqu'Iſle de Tegeſta, d'où je pouvois pénétrer par terre juſqu'au fond du Continent. Ma douleur, & un juſte ſentiment de fierté, me firent pren-

dre le parti de refufer cette offre ; d'autant plus que la Presqu'Isle étant habitée
par les Espagnols , & fa diftance de l'Isle
de Cube n'étant que d'environ trente
lieuës, je comptois de trouver facilement
à la Havana l'occafion d'un Vaiffeau
pour le paffage. Partez , leur dis-je, je ne
puis vous retenir malgré vous : mais fi je
juge bien de la fituation de votre Fortune , & de vos véritables avantages , le
parti que vous prenez ne vous paroîtra
pas toûjours le meilleur , & vous regret-
terez peut-être quelque jour de m'avoir
manqué de parole. Ils vouloient entrer
de nouveau en juftification , & me prou-
ver qu'ils avoient rempli toute l'étenduë de leur promeffe ; mais je me retirai
auffi-tôt en refufant de les entendre. Ils
me laifferent feul dans ma chambre pendant quelques momens. J'étois réfolu de
les laiffer paffer , fans les voir davantage.
Cependant, Bridge fe prefenta à ma porte un moment après. Il me renouvella ,
d'un air trifte , les affurances du regret
qu'il avoit de me quitter ; & il me pria de
lui accorder deux chofes, fans lefquelles
il fe croiroit , me dit-il , le plus coupable
& le plus malheureux de tous les hom-

mes. L'une étoit de recevoir cent piftoles
qu'il m'offroit pour faciliter mon voyage;
& l'autre, de lui marquer exactement dans
quel lieu du Monde il pouvoit fe flatter
de me rejoindre , auffi-tôt qu'il auroit
réüffi dans la nouvelle recherche qu'il
alloit entreprendre. Je n'acceptai fon argent qu'après de longues inftances. Pour
fa feconde priere, je le fis convenir qu'il
m'étoit impoffible d'y fatisfaire. Je vois
moins clair que vous, lui dis-je , dans la
deftinée qui m'attend. C'eft le hazard qui
va régler ma courfe ; & je n'ai rien de
certain à attendre , que beaucoup d'inquiétudes & de nouvelles douleurs.
Adieu donc , reprit-il avec un air de tri-
fteffe dont je fus touché : je fouffre mortellement de la neceffité de vous quitter ; mais mon cœur fe doit tout entier
à l'Amour. Si le Ciel me prépare quelque bonheur , je ne lui demande que
celui de vous revoir après avoir re-
trouvé mon Epoufe. Ils partirent le même jour. Dans le fond , je crus leurs re-
grets finceres. L'engagement qui les appelloit , étoit plus fort que toutes les loix
& que toutes les promeffes. Je jugeai
d'eux par moi-même, quelle raifon affez

fête , quel pouvoir eût été capable de
n faire perdre de vûë un feul moment
à lord Axminfter & fa Fille ?

Je demeurai donc feul à la Havana ,
avec ce motif pour me confoler , que j'é-
tois libre du moins , & que je pouvois
prendre les mefures qui conviendroient
le mieux à mes deffeins. Je faifois beaucoup de fond fur la bonté du Gouverneur. Ce fut à lui que je m'adreffai , non
feulement pour favoir dans quel tems je
pouvois compter qu'il s'offriroit une occafion de quitter fon Ifle, mais pour prendre auffi fon confeil fur la route que je
devois choifir , & pour l'intereffer à me
prêter quelque affiftance. Je n'efperois
pas qu'il fît pour moi , ce qu'il avoit refufé de faire pour Mylord Axminfter &
pour fa Fille ; mais je ne lui demandois
pas tant. Auffi ne fit-il pas difficulté de
m'accorder tout ce qui dépendoit de lui.
Il me fit prefent d'un Negre , qui étoit
depuis long-tems fon Efclave , & dont il
connoiffoit la fidélité. Ce n'étoit point
tant un Valet qu'il avoit deffein de me
donner , qu'un Guide & un Interprete ,
parce que cet Efclave avoit parcouru
une grande partie du Continent de l'A-

mérique, & qu'il sçavoit les principales
Langues qui y sont en usage. Le Gouverneur ajoûta à ce present une somme
d'argent considérable, & quelques Passe-
ports en maniere de recommandation ,
pour me procurer une réception favorable de tous les Espagnols entre les mains
desquels il pourroit m'arriver de tomber.
Pour ce qui regardoit ma route & le tems
de mon départ , il me marqua beaucoup
de regret de ne pouvoir me donner d'é-
claircissement ni de secours. Je fus obligé
d'attendre à la Havana le passage de
quelque Vaisseau qui fit voile vers les
Colonies Angloises, & de remettre toute la conduite de mon voyage au hazard.
Deux mois se passerent dans cette attente : je les employai à l'étude de la Sagesse , comme au seul moyen d'adoucir le
chagrin d'un si long retardement , & de
moderer l'impatiente ardeur que j'avois
de rejoindre tout ce que mon cœur ai-
moit. Enfin , le Ciel exauça une partie de
mes desirs. Il amena un Vaisseau de St.
Domingo , qui portoit diverses marchan-
dises dont il devoit faire le débit au long
de la côte même où je souhaitois d'aborder. Je n'eus point d'autre grace à de-

mander au Capitaine , que de me recevoir fur fon bord. Je partis avec mon Efclave , & les libéralités du Gouverneur d'Arpez , qui me fit promettre , en me conduifant au Vaiffeau , d'employer tout mon crédit auprès de Mylord Axminfter pour le porter quelque jour à retourner dans l'Ifle que je quittois.

Nous traversâmes heureufement le Canal de *Bahama* , & lorfque nous eûmes paffé la pointe de la Prefqu'Ifle de *Tegefte* , nous ne fîmes plus que côtoyer le rivage , en prenant terre dans tous les Ports & dans toutes les Habitations où le Capitaine pouvoit fe défaire de fes Marchandifes. Nous moüillâmes d'abord dans quelques petits Ports Efpagnols qui fe rencontrent les premiers fur la côte ; mais ce fut envain que j'y demandai des nouvelles de ce que je cherchois. Je ne fus pas beaucoup plus heureux dans une Habitation de Presbyteriens François , que nous trouvâmes plus loin. Ils ne connoiffoient pas même le nom de Mylord. Cependant , ils m'apprirent que quelques mois auparavant , un Vaiffeau de leur Nation qui venoit de *Cuba* s'étoit arrêté pendant deux jours dans leur Ra-

de , & qu'ils y avoient remarqué quelques Anglois qui ne paroiſſoient point
des perſonnes du commun : je ſuivis le
penchant que tous les malheureux ont à
ſe flatter, & j'oſai croire que c'étoit Mylord même & ſa Suite , dont on me parloit. Ces foibles raiſons ne laiſſerent point
de relever extrêmement mon eſperance.
Nous gagnâmes de-là quelques petits
Ports de la *Caroline* : mais quoique nous
euſſions à faire à des Anglois , de qui je
devois attendre naturellement plus de
lumieres , je n'en reçus aucune pendant
l'eſpace de plus de cent lieuës de côtes.
Mes inquiétudes commencerent à devenir plus fortes ; j'avois peine à concevoir
que Mylord , qui ne cherchoit qu'à
prendre terre dans un Port Anglois , en
eût paſſé un ſi grand nombre ſans s'arrêter. Ce qui redoubloit ma crainte , étoit
la réſolution du Capitaine Eſpagnol , qui
m'avoit déclaré pluſieurs fois , que ſon
deſſein n'étoit pas d'aller plus loin que la
Baye de *Cheſapeak.* Mylord ne s'étant
point arrêté à la Caroline , il y avoit apparence qu'il avoit pouſſé juſqu'a la *Virginie* , ou peut-être même juſqu'à l'ex-
trêmité de nos Colonies dans la *Nouvelle*

Angleterre : & quel espoir pouvoit-il
me rester de le rejoindre, si j'étois obligé de retourner sur mes pas avec le Vaisseau Espagnol, ou d'attendre dans quelque Port desert & sans nom la commodité d'un autre Vaisseau qui ne pouvoit
s'y rencontrer que par hazard ? Il fallut
avancer pendant quelque tems, avec ces
allarmes. Nous avions déja gagné les côtes de de la Virginie, & nous appro-
chions de la Baye de Chesapeak, lorsqu'à l'entrée même de cette grande Baye,
dans un petit Port nommé *Riswey*, où
notre Capitaine se proposoit de finir son
voyage, j'appris enfin ce que je desirois
si impatiemment d'entendre, c'est-à-dire
que Mylord Axminster, Fils de l'ancien
Gouverneur de tous ces Pays y avoit
abordé peu de mois auparavant ; que le
Vaisseau qui l'y avoit apporté ayant continué sa route vers le Nord, Mylord s'é-
toit pourvû d'une grande Barque, avec
laquelle il étoit entré dans la Baye, pour
se rendre à Jamestown, qui est une des
principales Villes de la Virginie ; qu'il y
étoit arrivé heureusement avec sa suite,
& que je pouvois compter absolument
sur ce rapport, puisque je l'entendois

faire par les personnes mêmes qui avoient conduit sa Barque, & qui étoient revenues à Riswey peu de jours après lui avoir rendu ce service.

Je benis le Ciel à la fin de ce récit ; & le transport de ma joye fut si visible, que tous ceux qui en furent témoins marquerent de l'admiration. J'observai que quelques-uns des principaux Habitans du Bourg paroissoient après cela me regarder avec plus d'affection, & qu'ils s'entretenoient, en jettant les yeux sur moi, comme s'ils eussent pris quelque interêt à ma personne. Je ne doutai point qu'ils ne fussent occupés à former leurs conjectures sur le sujet de mon voyage, & sur celui de ma joye ; je m'imaginai même, que la part qu'ils y paroissoient prendre, venoit de quelque cause secrette, que j'expliquai à l'avantage de Mylord Axminster. Je ne me trompois point. Ce Seigneur qui avoit trouvé la mémoire de son Pere & la sienne vivantes dans le cœur de ce petit nombre de bons Anglois, n'avoit pas balancé à se faire connoître d'eux, & à leur annoncer sa commission. Ils s'étoient soumis jusqu'alors au nouveau Gouvernement éta-

bli en Angleterre ; mais c'étoit moins
par choix & par inclination, que par un
mouvement aveugle qui entraîne ordinairement le Peuple sans examen & sans
liberté : de sorte que n'ayant point d'interêt particulier qui les attachât à la personne du Protecteur, ils ne firent point
difficulté de reconnoître l'autorité du
Roy, & de rentrer promptement dans
leur devoir, lorsqu'ils y furent rappel-
lés par le Fils de leur ancien Gouverneur, dont ils avoient autrefois suivi si
volontiers les ordres. Cette petite habitation fut donc la premiere Conquête
que Mylord Axminster fit pour son Maître, & elle ne lui coûta que la peine de
se nommer, & de déclarer ses intentions.
Il en obtint ensuite fort facilement tout
ce qui lui étoit nécessaire pour gagner
Jamestown ; les Habitans n'eussent pas
même refusé de le suivre en corps, &
de former une compagnie pour sa défense, s'il eût crû avoir besoin de ce secours. Je fus informai de ce détail par
toutes les personnes du Bourg, ausquelles j'eus occasion de parler ; & je
n'en trouvai point une seule qui ne fût
disposée favorablement pour Mylord &
pour moi-même.

Ils m'offrirent de me faire conduire aussi à Jamestown. J'acceptai leurs offres, & quittant le Capitaine Espagnol qui retournoit vers St Domingo, je me remis entierement à la bonne foi de mes Compatriotes. Ils m'accorderent une Barque & quatre Matelots. Nous entrâmes dans la Baye, où le vent s'accorda mal, pendant quelque tems, avec l'impatience de mes desirs. Cependant, comme je n'appréhendois plus d'autre obstacle, je comptois pour rien un si leger retardement. Lorsqu'étant à l'embouchure de la Riviere de *Powhatam*, qui se décharge dans la Baye, & par laquelle il falloit remonter pour gagner Jamestown, qui est situé sur ses bords, j'apperçus un Vaisseau de Guerre prêt à sortir de cette Riviere, & qui paroissoit faire voile vers la grande Mer. Je ne doutai point que ce ne fût un Vaisseau Anglois; mais la joye que cette rencontre auroit pû me causer, se changea dans une crainte & une tristesse mortelles, aussi-tôt que je crus le connoître pour le Vaisseau du Capitaine Jon Will.

Ma conjecture ne se trouva que trop certaine; c'étoit le Vaisseau de ce Perfide.

fide. Hélas! c'étoit lui-même; & le fré-
missement que j'éprouvai tout d'un coup,
m'annonca, aussi-tôt que sa vûe, le précipice où j'allois tomber. Mais, pourquoi parler de mes propres perils? Quelque inévitable que ma perte dût me pà-
roître, le Ciel sçait que ce ne fût point
la premiere pensée qui m'occupa. J'avois
à m'allarmer pour quelque chose de plus
cher & de plus précieux que ma vie & ma
liberté. Le Capitaine Will venoit de Jamestown; il y avoit sans doute rencontré Mylord: un Perfide ne l'est jamais à
demi, je ne crus pas devoir douter un
moment qu'il n'eût mis le comble à l'horrible traitement qu'il m'avoit fait, en
achevant de me perdre dans la personne
de ce Seigneur. Je ne voyois rien qui
pût l'en avoir empêché: son Vaisseau
étoit si bien armé, qu'il n'y avoit point
d'apparence que Jamestown eût été capable de lui résister; de sorte qu'en supposant que le Vicomte eût été reçû dans
cette Ville aussi favorablement qu'à Riswey, il n'étoit pas vrai-semblable qu'il
eût pû se mettre assez tôt en état de défense pour repousser notre Ennemi par
la force. Je concluois donc qu'il avoit

été opprimé, & peut-être faisi par ce
Traître, qui le tenoit apparemment prisonnier sur son Vaisseau, & qui le con-
duisoit en triomphe à Londres, pour le
livrer au Protecteur.

J'eus le tems de faire ces réflexions,
à cause de l'éloignement du Vaisseau.
Elles me causerent toute la douleur qu'on
peut s'imaginer. Cependant elles ne m'ô-
terent point la force & la liberté d'esprit
dont j'avois besoin dans une si dangereuse
conjoncture. C'est en quoi je puis dire
que j'ai toujours été different des autres
hommes, & ce que je puis nommer veritablement le fond de mon caractere. Je
ne sçai si l'on trouvera qu'il y ait de l'o-
stentation à le publier ; mais quand j'aurois quelque gloire à esperer de ces sortes d'aveux, elle m'auroit coûté trop
cher pour me faire naître un sentiment
aussi frivole que celui qu'on appelle vanité. Il est donc vrai que j'ai toujours
sçû prendre assez d'empire sur mes peines, pour conserver l'usage libre de ma
raison ; mais il ne l'est pas moins, que
cette fermeté d'esprit, qui a pû contribuer à la sagesse de ma conduite, n'a
jamais servi de rien à la tranquillité de

mon ame. Les malheureux peuvent être distingués communément en deux Classes. L'une, de ceux qui succombent en quelque sorte sous le poids de leurs miseres, & qui y deviennent quelquefois moins sensibles, par cette raison même qu'ils n'y résistent point ; à peu près comme un arbre est moins blessé par le vent, lorsqu'il cede à l'impetuosité de son souffle. L'autre Classe, est de ceux qui se roidissent contre le malheur, & qui parviennent aussi de cette maniere à en diminuer le sentiment ; ne fût-ce que par cette raison, que l'effort qu'ils font pour résister, occupant une partie de l'attention & de la force de leur ame, il lui en reste moins pour sentir ce qui doit l'affliger. Pour moi, je puis me placer dans une troisiéme Classe, & je suis peut-être le seul Individu de ma malheureuse espece. J'ai combattu toute ma vie contre la douleur, sans que mes combats ayent jamais pû servir à la diminuer ; mon ame ayant toujours eû assez d'étendue pour être capable tout à la fois, & de l'effort qu'il faut pour résister à l'infortune, & de l'attention qui la fait sentir. Je souffris donc mortellement de toutes les pen-

sées qui m'agitoient ; mais je n'en fus
point abbattu jusqu'à ne pouvoir prendre
une résolution. La première à laquelle je
m'arrêtai sans balancer , fut de me livrer
volontairement au Capitaine Will , si je
pouvois découvrir que Mylord & sa Fille
fussent sur son Vaisseau. Il n'y avoit
point de Prison , ni de sort cruel , qui ne
me parussent doux si je les partageois
avec eux. Mais comme je n'étois point
absolument certain de leur malheur , je
crus qu'il falloit employer l'adresse pour
m'en éclaircir. J'avois heureusement chan-
gé d'habits dans l'Isle de Cuba. Il me
parut facile d'achever de me déguiser ,
en défigurant mon visage. Je fis l'ouverture de mon dessein aux Matelots qui
me servoient de Guides. Ils consentirent
volontiers à me rendre service. Je pris
de l'un d'eux une mauvaise Perruque ,
dont je me couvris la tète ; & m'étant
sali le visage & les mains avec la vase
qui étoit au fond de la Barque , je me
mis dans un état , qui n'auroit pas permis
à mes meilleurs Amis de me reconnoître.
Ensuite, n'appréhendant plus de paroître aux yeux du Capitaine Will , je priai
mes Matelots de me conduire droit au

Vaiſſeau. Nous nous en approchâmes à
la portée de la voix. J'apperçus le Capitaine qui étoit ſur le Pont. Il nous fit
ſigne de la main de nous approcher davantage ; & le tems étant devenu fort
doux , nous n'eûmes pas de peine à gagner le pied des échelles. Mon deſſein
étoit de monter ſur le Vaiſſeau moi-même. Cependant je fis réflexion , que ce
ſeroit une imprudence, ſuppoſé que Mylord n'y fût point ; & j'aimai mieux m'en
éclaircir d'abord par le rapport de mes
Compagnons , étant toujours libre , à
leur retour , de ſuivre la réſolution que
j'avois priſe , ſi ce cher Seigneur étoit
dans les Priſons du Capitaine. J'inſtrui-
ſis en peu de paroles le plus ſenſé de mes
Matelots , & j'attendis l'éclairciſſement
de mon ſort dans la Barque , pendant
qu'il alloit ſubir les interrogations du Capitaine. Il revint en moins de quatre mi-
nutes. Conſolez-vous , me dit-il , Mylord eſt ſans doute en ſûreté , car le Capitaine ignore ce qu'il eſt devenu. Je ſuis
trompé s'il ne le cherche , ajouta le Ma-
telot. Il m'a demandé d'un air chagrin ,
ſi je n'avois pas entendu parler de lui. Il
a voulu ſçavoir où nous allons , & d'où

nous fommes partis. Je l'ai fatisfait, &
il m'a ordonné de me retirer.

Ce récit fit renaître l'efperance & la
joye dans mon cœur. Nous ne perdî-
mes point un moment pour nous éloigner. Le feul chagrin qui me refta jufqu'à Jameftown, me vint du fouvenir
de Madame Lallin, que je croyois toujours entre les mains de fon Ravifleur.
Je la recommandai de nouveau à la protection du Ciel, & quoique je deftinaffe
ma vie au fervice de Mylord & de fa
Fille, je fentis que la reconnoiffance me
l'auroit fait expofer volontiers pour fe-
courir cette Dame. Nous arrivâmes enfin à Jameftown. En arrivant, il nous
apparut qu'il y avoit quelque confufion
fur le Port, & que les Habitans y étoient
dans l'attente de quelque événement
extraordinaire. Une grande partie d'en-
tr'eux vint avec empreffement jufqu'au
bord du rivage, pour y recevoir notre
Barque; & je remarquai qu'ils temoigne-
rent de la furprife, de n'y appercevoir
qu'un Inconnu, avec un Negre & quatre Matelots de Rifwey. Ils nous de-
manderent fi nous n'avions point rencontré le Vaiffeau du Capitaine Will; &

ils n'ajoûterent rien à cette queſtion.
J'entrai dans la Ville, ſans pouvoir m'aſ-
ſurer encore ſi je pouvois les regarder
comme mes Amis, & ſans avoir oſé les
interroger ſur ce qu'il m'importoit le plus
de ſavoir. La crainte de nuire aux inte-
réts de Mylord par quelque indiſcrétion,
me fit prendre un nom different du mien:
je feignis d'étre amené à Jameſtown, par
des raiſons de Commerce, & je me lo-
geai dans une maiſon fort ſimple, en prenant la précaution de me faire accompagner par mes quatre Matelots, que je
voulois ne pas perdre de vûe, juſqu'à
ce que je viſſe plus clair parmi tant d'ob-
ſcurités.

L'Anglois, chez lequel je me trouvai
logé, étoit heureuſement un zélé Roya-
liſte, qui gémiſſoit de ce qui s'étoit paſſé
tout récemment à Jameſtown. A peine
fus-je entré chez lui, que m'épargnant
l'embarras de l'interroger, il me demanda lui-même ſi j'étois informé de ce qui
venoit d'arriver, & ce que je penſois
du nouveau Gouverneur d'Angleterre.
Il me fit cette queſtion, d'un air à me
faire pénétrer dans ſes deſirs. Je lui fis
une réponſe, dont il fut ſatisfait; de

forte que ne gardant plus de mesures
dans le reste de notre entretien, il s'em-
porta avec violence contre le Protecteur & le Parlement, & surtout contre
le Capitaine Will. Je pris occasion de
ses invectives contre le dernier, pour me
faire instruire de ce qu'il avoit fait à Jamestown. Voici ce que je pus recueillir
de son récit.

Milord Axminster étoit arrivé heureusement dans cette Ville deux mois aupa-
vant. Il n'y avoit pas trouvé moins de
penchant à la soumission, qu'à Riswey.
Le Gouverneur, & le plus grand nombre des Habitans l'avoient reçû avec le
même zele qu'ils eussent pû marquer
pour la personne du Roy. Il avoit passé
quinze jours dans cette Ville, occupé à
prendre des mesures pour ramener le
reste du Pays à l'obéissance ; & se
croyant sûr en particulier de la fidelité
de ceux de Jamestown, il en étoit sorti
pour se rendre à *Powhatan*, qui est une
Ville considerable, située comme Jamestown sur la Riviere, qui porte son
nom, mais beaucoup plus enfoncée dans
les Terres. Il y trouva la même facilité à se faire reconnoître en qualité de
Gouverneur

Gouverneur pour le Roy Charles : de
forte que fon entreprife eût réuffi par-
tout paifiblement , s'il n'eût point eû
d'autre obftacle que de la part des H.-
bitans du Pays. Les chofes étoient en
cet état , lorfque le Vaiffeau du Capitaine Will étoit arrivé à l'impourvû au
Port de Jameftown. J'ai déjà dit qu'il
étoit trop bien armé pour trouver beaucoup de réfiftance dans une Ville qui ne
s'attendoit point d'être attaquée , quoiqu'elle foit d'ailleurs une des plus fortes
Places du Pays. Le Gouverneur avoit
été contraint d'ouvrir fes portes au Capitaine , ce qu'il avoit fait avec d'autant moins de regret , que ne s'attendant point d'avoir longtems un fi mauvais Hôte , il efperoit de fe retrouver
après fon départ dans la liberté de retourner à fon devoir, & de fuivre fes inclinations. Mais s'il étoit fincérement
attaché aux interêts du Roy , avec le
plus grand nombre de fes Habitans ; il
s'en trouvoit néanmoins quelques - uns
qui étoient dans d'autres fentimens.
Ceux-ci ne tarderent point à découvrir
à John Will l'arrivée de Mylord , & le
progrès des affaires du Roy. C'étoit

tout ce que ce Perfide defiroit d'apprendre, & ce qui l'avoit porté à venir de la Jamaïque à la Virginie, pour fe faire un mérite en Angleterre de fon zele pour le Protecteur. Il fit donc au Gouverneur, & aux Habitans de Jameftown des reproches fort vifs de leur changement, & il fe hâta de prendre des mefures pour opprimer l'Ennemi de la République d'Angleterre.

Pendant ce tems Mylord étoit tranquile à Powhatan; & cette Ville étant beaucoup moins capable de défenfe que Jameftown, rien n'étoit plus facile que de l'y furprendre. Le Capitaine Will fit prendre terre à deux cens hommes, de trois cens qu'il avoit fur fon Vaiffeau; il fe mit à leur tête, fans perdre un moment, & il fe fit conduire par terre à Powhatan. C'étoit fait fans doute de Mylord, qui ne pouvoit échapper de fes mains, s'il eût été pris au dépourvû. Mais le Gouverneur de Jameftown eut la générofité de lui dépêcher fecretement un de fes Domeftiques, pour l'avertir de péril qui le menaçoit. Quelque diligence que pût faire ce Meffager, il eut beaucoup de peine à prévenir Iouh Will;

de sorte que ce ne fut point sans un secours particulier du Ciel, que le Vicomte
trouva le tems & le moyen de s'éloigner
de la Ville avec sa suite. Il n'avoit point
d'autre voye de salut à choisir, étant des-
stitué d'armes, & hors d'état de résister
à deux cens hommes de Troupes ré-
glées. Will eut ainsi le regret d'avoir
fait une démarche inutile. Cependant il
n'épargna rien pour découvrir les traces
de Mylord, & il employa plus de quinze
jours à le faire chercher, soit à Powhatan, soit aux environs. Voyant qu'il n'en
pouvoit avoir de nouvelles, il revint à
Jamestown, où il demeura encore plus
d'un mois à continuer ses recherches,
& à envoyer une partie de ses Soldats de
differens côtés. Enfin s'imaginant que
Mylord auroit peut-être regagné la Mer
pour prendre la route d'une autre Colonie, il prit le parti de quitter Jamestown,
& de le chercher dans tous les établissemens des Anglois. J'avois rencontré son
Vaisseau le jour même de son départ.
Pour la confusion que j'avois remarqué
sur le Port en arrivant, elle venoit de
deux causes ; du départ de John Will,
dont il y avoit peu d'Habitans qui ne res-

E ij

fentiffent beaucoup de joye ; & de l'efperance qu'ils avoient, en voyant venir
ma Barque au long de la Riviere, que
ce pourroit être Mylord qui avoit évité
heureufement fon ennemi, & qui prenoit
affez de confiance en eux pour retourner dans leur Ville.

Si je trouvai quelque chofe de con-
folant dans ce récit, parce qu'il m'affuroit du moins que le Vicomte étoit hors
de péril, il y avoit auffi de quoi me caufer beaucoup d'inquiétude & de chagrin. Après une courfe fi longue & tant
de recherches, je n'étois gueres plus
avancé qu'en quittant l'Ifle de Cuba ;
car je n'étois pas moins incertain de la
route que je devois prendre, & du fuccès que je pouvois efperer. Je m'informai fi Mylord avoit eû quelque relation
de confiance & d'amitié avec quelque
Habitant de Jameftown. On me nomma
plufieurs perfonnes qu'il avoit vûes particulierement ; mais on m'en nomma un
trop grand nombre, pour me pouvoir
perfuader qu'il les eût mis tous dans fa
confidence ; & la crainte de commet-
tre une indifcretion, en m'ouvrant trop
légerement, me fit prendre la réfolution

de quitter cette Ville sans m'être ouvert
à personne. Je pris le chemin de Powhatan avec mon Esclave, me flattant que
si j'avois quelques lumieres à attendre
sur le lieu de retraite que Mylord avoit
choisi, c'étoit dans la derniere Ville d'où
il étoit parti avec sa famille. Je fis cette
route bien tristement. Mes esperances,
dont j'avois crû le terme si proche à Riswey, sembloient s'être reculées à l'infini. Ce qui m'en restoit étoit même si
foible & si confus, qu'il se changeoit
tous les jours en crainte, & dans certains momens en desespoir. L'Amour
occupoit toujours le premier rang dans
mon cœur : mais ce n'étoit point ses douceurs qu'il me faisoit sentir. L'impatience de rejoindre Mylord y tenoit une place à peu près égale. Madame Riding venoit ensuite. Il s'y mêloit aussi de l'inquiétude pour la malheureuse Madame
Lallin ; & tous ces sentimens étoient ac-
compagnés de mes desirs & de mes vœux
ordinaires, pour le repos d'une vie tranquille, & propre à l'étude de la sagesse.
De sorte que voyant s'éloigner de plus
en plus les seules choses qui pouvoient
me satisfaire, je sentois souvent mon cou-

rage prêt à m'abandonner, sans rien trouver hors de moi qui fût capable de le
soûtenir.

Iglou, c'étoit le nom de mon Esclave,
avoit déjà vêcu assez longtems avec moi
pour connoître la situation de mon ame,
& il m'étoit assez affectionné pour entrer dans mes peines. La grande connoissance qu'il avoit de toute cette partie de
l'Amerique, & son adresse que j'avois
mise plus d'une fois à l'épreuve, étoient
mes seules ressources. Je l'en avertissois
souvent, pour l'exciter à me servir avec
zele ; & je lui faisois esperer des récompenses proportionnées à ses services.
Nous arrivâmes à Powhatan. La retraite
de Mylord, & les recherches du Capitaine y faisoient encore l'entretien de
tout le monde. Je gardai en arrivant les
mêmes mesures qu'à Jamestown, m'in-
formant sans éclat de la maniere dont les
choses s'étoient passées, & cherchant à
recueillir des discours publics quelque
motif d'esperance, & quelque régle de
conduite. Chacun plaignoit Mylord, &
parloit diversement du chemin qu'il avoit
pris ; mais il n'y avoit rien de favorable
à conclure de cette diversité. Il me vint

à l'esprit, que si Mylord avoit fait confidence de sa route à quelqu'un, ce devoit être à un Gentilhomme Anglois,
chez lequel il s'étoit logé avec sa famille
à Powhatan. Je ne perdis pas un moment pour former une liaison étroite avec
ce Gentilhomme, & voyant qu'il faisoit
quelque difficulté de s'ouvrir à moi par
un excès de discretion, je l'excitai à la
confiance, en lui apprenant ce que j'é-
tois à Mylord, & les raisons qui me faisoient prendre tant d'interêt à son sort.
Enfin cette voye me réussit, & c'étoit la
seule de laquelle je pusse attendre un
heureux éclaircissement.

J'appris de cet honnête-homme ce
qui n'étoit connu que de lui, & ce qu'il
eût continué de cacher à tout autre
qu'à moi. Non seulement il avoit rendu
à Mylord tous les services du zele &
de l'amitié pendant son séjour à Powhatan; mais à la premiere nouvelle de l'arrivée du Capitaine Will, il s'étoit chargé du soin de son évasion & de celui
de sa sûreté. Il lui avoit conseillé de
prendre par terre le chemin de la Caroline; & l'ayant d'abord conduit lui-même à un bien de Campagne qu'il avoit à

E iiij

quelque diſtance de Powhatan, il lui
avoit fait trouver ſur le champ des voitures & des proviſions pour cette route,
avec deux Guides fideles, qui connoiſ-
ſoient parfaitement le Païs. Il avoit eû
deux raiſons de donner ce conſeil à Mylord; l'une étoit pour l'approcher des
Eſpagnols, chez leſquels il ſeroit plus à
portée de chercher un aſile, s'il y étoit
contraint par la fureur de ſes Ennemis;
l'autre avoit été l'eſperance de faire prendre le change au Capinaine Will, qui ne
s'imagineroit point que le Vicomte fût
retourné ſur ſes pas, & qui continueroit
ſans doute à le chercher vers le Nord,
lorſqu'il auroit perdu l'eſpoir de le trouver dans la Virginie. Mylord étoit parti
avec ſa Fille & Madame Riding, accompagné de ſix Gentilshommes Anglois,
de huit Domeſtiques & de ſes deux
Guides, ce qui lui compoſoit une ſuite
de ſeize perſonnes. Vous le trouverez
infailliblement, me dit ſon Liberateur,
ou à Warwick, qui eſt de ce côté-ci la
premiere habitation de la Caroline, ou
du moins à . . . . . s'il a jugé à propos de
pénétrer davantage dans le Païs.

Après ces heureuſes nouvelles, je ne

demeurai à Powhatan qu'auffi longtems
qu'il falloit pour acheter deux Chevaux ;
& comptant fur les promeffes d'Iglou qui
s'engagea à me conduire fûrement à Warwick , je refufai d'accepter un autre
Guide qui me fut offert par le Gentilhomme Anglois. Je lui demandai en partant , ce qu'il penfoit de la difpofition
des Habitans du Païs , & s'il croyoit que
Mylord pût y retourner avec fûreté. Il
me répondit , qu'il ne connoiffoit perfonne dans la Ville qui ne fût difpofé à
rentrer dans l'obéiffance du Roy , &
qu'il portoit le même jugement du refte
de la Province ; mais qu'il craignoit
qu'on n'osât fe livrer à fes véritables
fentimens , tant que le Vaiffeau du Capitaine Will tiendroit tout le Païs dans
le refpect & dans la contrainte : que le
deffein de Mylord étoit de former , s'il
pouvoit un corps de Troupes dans la
Caroline , & de chercher enfuite l'occafion de rejoindre le Capitaine , & de lui
faire payer la frayeur qu'il lui avoit cau-
fée à Powhatan. Je partis , fuivi du feul
Iglou. Nos Chevaux étoient vigoureux.
Ayant à traverfer un Pays defert & d'une
affez longue étenduë , nous prîmes des

provisions pour la plus grande partie du chemin.

Je jugeai, par les incommodités qu'il me fallut essuyer sur la route, de celles que Mylord, & sa chere famille avoient dû souffrir avant moi. Il est vrai qu'ayant deux Chariots couverts, ils avoient pû passer moins durement les nuits, & se mettre du moins à l'abri des injures de l'air. Pour moi qui étois privé de cette douceur, je me trouvai obligé de m'arrêter aussi-tôt que l'obscurité commençoit, & de choisir pour lit le gazon le plus commode que je pouvois appercevoir. Je me croyois trop heureux, lorsque je découvrois quelque arbre, dont le feuillage étoit propre à me servir de couverture. Iglou m'offroit tous ses habits, pour me garantir du moins de l'excessive fraîcheur de la nuit ; mais je m'obstinai à les refuser, par un sentiment d'humanité. Je ne voyois point que ma qualité de Maître lui fit perdre celle d'homme, ni qu'elle pût lui ôter par conséquent le droit naturel qu'il avoit à des secours qui lui étoient aussi nécessaires qu'à moi. Nous avançâmes ainsi pendant quelque tems au travers de milde difficultés, & nous gagnâmes les Montagnes *Apalaches*. Quoique j'ignorasse absolument la disposition des lieux, je ne laissai point de m'appercevoir qu'Iglou me faisoit tourner beaucoup vers le Couchant, & que nous laissions la Caroline un peu trop sur la gauche. Je lui en demandai la raison. Il m'expliqua la nécessité qu'il y avoit de prendre au long des Montagnes, pour éviter des Marais impraticables que nous aurions trouvé devant nous. Cette chaîne de Monts & de Rochers, qu'on appelle Apalaches, regne au long des Colonies Angloises pendant une espace immense, & les sépare de quantité de Peuples barbares qui habitent le milieu du continent. Mais quoiqu'elle soit assez haute pour fermer presque continuellement le passage, elle s'abaisse en quelques endroits, jusqu'à se diviser par des Vallées profondes & étroites, dont les divers détours forment des gorges, & des voyes de communication. Nous en traversâmes un grand nombre. Je remarquai qu'Iglou n'approchoit jamais de ces ouvertures, sans jetter les yeux de côté & d'autre, avec une attention inquiete. Il évita plus

d'une fois de répondre aux questions
que je lui fis sur son inquiétude, & son
silence fit naître enfin la mienne. J'exigeai absolument qu'il s'expliquât. Vous
le voulez, me dit-il, d'un air sérieux ;
vous en serez peut-être moins tranquille.
Ces embouchures nous exposent toujours à quelque péril. Quoique les Sauvages qui habitent de l'autre côté des
Montagnes ne soient point cruels & san-
guinaires, ils sont adonnés presque tous
au vol & à la rapine. Vous ne seriez
point en sûreté, s'ils nous apperce-
voient. Cet avis fit un effet terrible sur
moi ; je sentis frémir tous mes membres.
Croyez-vous, répondis-je aussi-tôt, que
Mylord soit venu par cette route ? Il
me dit qu'il n'en doutoit point, si ses
Guides lui avoient fait prendre la plus
courte & la plus commode. O Ciel !
m'écriai-je, vous savez pourquoi j'im-
plore votre secours. En effet j'étois bien
éloigné de faire tomber mes craintes &
mes vœux sur moi-même. Je ne fus plus
occupé que du danger de ce que j'ai-
mois, & je n'avançai qu'en trem-
blant, & en faisant mille questions à
Iglou sur le naturel des Sauvages, & sur

la maniere dont ils en ufoient avec leurs Prifonniers.

Il connoiffoit parfaitement leurs ufages, étant né lui-même parmi ces Peuples, mais dans un quartier plus éloigné. Il s'efforça de me raffurer. Cependant, après quelques jours de marche, nous découvrîmes tout d'un coup un corps d'environ cent Sauvages, qui venoient du fond d'une Vallée, & qui ne pouvoient continuer leur chemin fans croifer le nôtre. Iglou, tout émû, me conjura d'arrêter. Je me charge de votre fûreté, me dit-il; mais il faut que vous tâchiez d'y contribuer, en vous cachant foigneufement. Il me fit mettre pied à terre, & m'ayant fait avancer vers quelques Buiffons qui étoient à notre droite, il me recommanda de m'y tenir avec nos Chevaux jufqu'à fon retour. Ne quittez point ce pofte, reprit-il, parce que tant que je ferai affuré que vous y êtes, j'aurai l'adreffe d'en éloigner les Sauvages. Ne vous allarmez pas non plus de mon retardement, quand vous devriez paffer ici deux ou trois jours à m'attendre. En parlant, il fe dépouilloit de fes habits; & je fus furpris en un moment de

le voir nud, avec l'air & la forme d'un
Sauvage. Il me pria encore d'être sans
inquiétude, & de compter sur sa fidelité.
Je le laissai faire, sans lui demander même quel étoit son dessein. Il me quitta,
en baisant mes mains, pour me donner
un témoignage d'affection. Je demeurai
seul, assis derriere les Buissons, qui
me couvroient entierement, & tenant
moi-même les rênes de nos deux Chevaux. Je ne veux point déguiser mes
craintes, elles étoient extrêmes; mais je
prens le Ciel à témoin, que ce n'étoit
point mon propre danger qui m'occupoit. Je n'avois devant les yeux que
Mylord & Fanny. Quel devoit être leur
sort, s'ils avoient eû le malheur de tomber sans précaution dans le précipice
qu'on m'alloit faire éviter! Tout mon
sang se glaçoit à cette pensée. Loin de
vouloir fuir des mains des Sauvages, je
me serois livré mille fois à eux, si j'eusse
pû m'assurer que Mylord ne se fût point
échappé du même danger.

Je perdis Iglou de vûe, & je passai le
reste du jour dans la situation où il m'a-
voit laissé. J'étois accablé d'un mortel
ennui, lorsque je l'entendis revenir dans

l'obscurité. Il eut soin de me faire entendre sa voix, pour prévenir la frayeur
que son approche m'auroit pû causer. Eh
bien! Iglou, lui dis-je, que vas-tu
m'annoncer? Mylord & Fanny sont-ils
la proye de quelque Sauvage, & faut-il
avoir le même sort? Il voulut envain me
dissimuler ses propres soupçons; j'entre-
vis son embarras, & je lui ordonnai d'ê-
tre sincere. Il me répondit que le péril
étoit passé pour moi; que les Sauvages
avoient pris une autre route, sur de faux
avis qu'il leur avoit donnés; & que si
nous en avions encore quelques-uns à
craindre, ce ne seroit plus assurément
les mêmes: mais puisque je voulois être
informé de la vérité, il y avoit lieu de
croire que Mylord avoit été moins heureux que moi. Je me suis mêlé, conti-
nua-t-il, avec les Sauvages, & n'ayant
point eû de peine à reconnoître leur Nation, je ne leur ai pas non plus caché la
mienne. J'ai fai semblant de m'être éga-
ré depuis quelque tems dans ces lieux,
& d'avoir besoin qu'ils m'apprissent par
où je devois retourner à mon habitation.
Ils m'ont rendu le service que je leur demandois; mais ils ont voulu savoir avant

que de me quitter, si je n'ai pas rencontré quelques Prisonniers qui se sont échappés de leurs mains depuis plusieurs jours.
Ils ne m'ont point dit ce que c'est que
ces Prisonniers, & je n'ai osé les presser
de me l'apprendre, de peur de me rendre suspect : j'ai profité seulement de
cette ouverture, pour éloigner de vous
le péril en leur faisant entendre que j'ai
rencontré effectivement ce qu'ils cher-
chent, du côté opposé à celui où nous
allons. Ils ont pris aussi-tôt le chemin
que je leur ai montré. Mais pour m'exprimer sincerement, ajoûta Iglou, je
tremble que les Prisonniers dont ils ont
parlé ne soient Mylord & sa suite ; car je
juge par quelques-unes de leurs réponses,
qu'ils n'ont point de guerre avec leurs
voisins. Ce bon Esclave m'exhorta là-
dessus à ne pas perdre de tems pour nous
éloigner, & à profiter même de la nuit,
qui n'étoit point si obscure, qu'elle pût
nous empêcher d'avancer.

Ce récit me jetta dans une consternation inexprimable. Ah ! Iglou, lui dis-
je, il n'est pas question d'aller plus loin,
ni de quitter ce lieu, sans être assuré de
ce que je dois craindre ou esperer pour
Mylord.

Mylord. Il faut le chercher , dûſſai-je y perdre la vie & la liberté. Aide-moi, comme tu as déja fait , & dis-moi quel conſolation tu peux me donner? Il me confeſſa que ſon embarras égaloit le mien, & qu'il lui étoit impoſſible de deviner de quel côté nous devions commencer nos recherches. Si Mylord eſt encore accompagné de ſes Guides , me dit-il , il y a de l'apparence qu'il aura repris ſon chemin vers la Caroline ; mais s'il n'a perſonne avec lui pour le conduire , je ne vois rien qui puiſſe régler nos conjectures ſur ſa route. Tout étoit en effet ſi obſcur & ſi deſeſpérant dans la conduite que je devois tenir , que je n'y voïois pas le moindre jour. La ſituation où je devois m'imaginer qu'étoit Mylord, étoit un autre abîme qui mettoit toutes mes idées en confuſion : car s'il étoit vrai qu'il ſe fût échappé des mains des Sauvages , après avoir eû le malheur d'y tomber , dans quel état avoit-il pû ſe trouver en fuyant ? Devois-je penſer qu'il eût conſervé ſes voitures , ſa ſuite , ſes proviſions ? Etoit-il même vraiſemblable qu'il eût pû ſauver Fanny & Madame Riding ? Cette derniere réflexion

me pénetroit jufqu'au fond de l'ame. O
Dieu ! répétois-je à tout inftant , votre
protection auroit-elle manqué à Fanny ?
L'auriez - vous abandonnée dans le plus
horrible de tous les dangers ?

Je me perfuadai , après y avoir penfé
longtems , que fi Mylord s'étoit fauvé
avec fa fuite , il ne devoit pas être fort
éloigné du lieu où je me trouvois. Les
Sauvages ne l'euffent pas cherché de ce
côté , s'ils n'euffent eû quelque raifon
de croire que c'étoit par-là qu'il avoit
choifi fa route. Et raifonnant fur les mefures qu'il pouvoit avoir pris , pour éviter leurs pourfuites , il me paroiffoit qu'il
avoit dû penfer d'abord à fe cacher ,
plûtôt qu'à s'écarter , parce que l'un lui
auroit été plus difficile que l'autre dans
un Pays qu'il ne connoiffoit point. Ce
fut le Ciel , fans doute , qui m'infpira ce
raifonnement. Ah ! ce fut le Ciel , & je
lui en rends graces encore aujourd'hui ;
car c'étoit fait fans cela de tout ce qu'il
y avoit d'aimable & de vertueux fur la
Terre. Dieux ! dans quelle defcription
fuis-je obligé d'entrer ici ? & comment
mes Lecteurs croiront-ils , après l'avoir
lûe , qu'il puiffe me refter quelque chofe

de plus triste & de plus attendrissant à leur raconter dans ces Mémoires?

Je fis entrer Iglou dans ma pensée, & nous étant déterminés à ne pas quitter le lieu où nous étions, sans en avoir parcouru toutes les parties, nous attendîmes impatiemment la fin de la nuit pour commencer notre recherche. Nous montâmes à cheval à la pointe du jour, & nous visitâmes exactement tout ce qui avoit la moindre apparence d'être propre à servir de retraite. Vallées, Bois, Hayes épaisses, nous ne laissâmes rien à parcourir & à examiner dans un circuit de plus de quatre ou cinq lieües. Nous ménageâmes si peu nos Chevaux, que malgré l'ardeur du Soleil qui se faisoit vivement sentir, nous les tînmes en action pendant la plus grande partie du jour, & ce ne fut qu'à la fin de l'après-midi, que les croyant épuisés de fatigue, & ne pouvant plus résister nous-mêmes à la nôtre, nous prîmes le parti de nous arrêter dans des Bruyeres assez hautes, pour y prendre quelque rafraîchissement. Je me couchai sur l'herbe, qui étoit fort épaisse, moins abattu par l'exercice violent que je venois de faire,

que par la méditation continuelle de mon
infortune. Iglou s'occupoit à quelques
pas de moi du soin de nos Chevaux, ou
à me préparer quelque nourriture. Je fus
étonné de le voir se courber tout d'un
coup, & venir vers moi en rempant sur
ses mains. Bon Dieu, lui dis-je, avec
un abattement de cœur, qu'y-a-t-il de
nouveau, Iglou ? qu'as-tu découvert ?
Il me répondit, qu'il venoit d'appercevoir quelques Sauvages dans l'endroit le
plus épais de la Bruyere ; mais qu'en tenant la même conduite que nous avions
observée la veille, il esperoit que nous
pourrions non seulement éviter leur rencontre, mais tirer peut-être d'eux quelque utile éclaircissement. Il me recommanda de demeurer dans la situation où
j'étois. Nos Chevaux étoient derriere
quelques arbres, où il les avoit pla-
cés à la fraîcheur, pour les remettre de
la chaleur qu'ils avoient essuyé ; de forte que ne voyant point de changement à
faire pour eux ni pour moi, il se hâta de
se dépouiller de ses habits, pour joindre
promptement les Sauvages. Il ne fut
point absent plus d'un quart d'heure ; au
bout duquel je le vis revenir, accompa-

gné d'un homme nud comme lui, mais
qui avoit la peau du corps beaucoup plus
blanche. J'osai me flatter pendant un moment qu'il m'apportoit d'heureuses nouvelles, & qu'un Sauvage qui le suivoit
si tranquillement ne pouvoit être notre
ennemi. Helas ! dois-je donner le nom
d'heureuses aux nouvelles qu'il m'apportoit ? Qu'on lise, & qu'on en juge.

Cet homme nud, que je prenois pour
un Sauvage, s'approcha de moi avec lui.
Il me regarda fixement, sans que ni l'un
ni l'autre prononça une parole. Enfin il
se jetta à mon col, & me serrant de toute
sa force : C'est Monsieur Cleveland ! Je
me dégageai de ses bras, & ne sachant
quel jugement je devois porter de son
action, je lui demandai don ton émû,
qui il étoit ; & puisque je le reconnois-
fois pour Anglois à son langage, par
quelle avanture il se trouvoit nud dans
cette Région deserte. Vous ne me re-
connoissez pas, reprit-il, en versant des
larmes ? Ah ! suivez-moi donc, & venez reconnoître l'infortuné Vicomte
d'Axminster qui vous attend à cent pas
d'ici : venez reconnoître sa Fille, Madame Riding, & une partie des Officiers

qui les ont fuivis depuis Roüen, & parmi lefquels vous devez auffi vous fouvenir de m'avoir vû. Le cher nom de
Mylord Axminfter, celui de fa Fille, &
de Madame Riding; l'affurance de n'ê-
tre qu'à cent pas d'eux, & d'en être déja
attendu; l'amour, l'amitié, la reconnoiffance: que fai-je? tout ce qu'il y
eût jamais de tendre & de touchant fe fit
fentir fi vivement à mon cœur que ne
pouvant foûtenir tant d'émotion, je
tombai fans mouvement & fans connoiffance. Cependant mes efprits ne tarderent point à revenir. J'ouvris les yeux, &
confiderant un moment celui qui m'avoit
parlé, je le reconnus pour Monfieur
Youngfter, l'Ecuyer de Mylord. A peine eus-je la force d'ouvrir la bouche, &
de lui tendre les bras, couché encore
comme j'étois. Je vous reconnois, lui
dis-je, d'une voix foible, vous êtes
Youngfter, l'Ecuyer de mon cher Seigneur & de mon cher Pere. Ah! que
m'avez-vous dit? Où le trouverai-je?
Hâtez-vous de m'y conduire. Et Fanny,
ajoûtai-je, en pouvant à peine prononc-
cer ce nom? ne me flattez-vous pas?
reverrai-je Fanny? Mon trouble étoit fi

grand, que joint à l'épuisement ou je me trouvois de l'exercice du jour, & de n'avoir point encore pris de nourriture, je fus obligé de me faire soûtenir par Iglou, tandis que Monsieur Youngster me fit sa réponse.

Il me dit, que loin de me flatter, il me déclaroit qu'il n'avoit qu'un récit horrible à me faire, & d'affreuses nouvelles à m'annoncer : que j'en apprendrois mieux toutes les circonstances de la bouche même de Mylord ; mais qu'en attendant, il croyoit devoir me prévenir sur l'état où je l'allois trouver avec le reste de sa suite, qui se réduisoit à un fort petit nombre de personnes : Qu'ayant été trahi par ses Guides, attaqué par une Troupe de Sauvages, & fait prisonnier malgré la résistance de ses gens, dont la plûpart avoient péri en le défendant, il avoit passé environ quinze jours dans l'habitation de ses farouches Vainqueurs : Qu'on l'avoit dépouillé non seulement de son équipage, mais de tous ses habits, lui, Fanny, Madame Riding, & tout le monde qui lui restoit: Qu'ils avoient été obligés de se faire eux-mêmes des ceintures d'herbes & de

rofeaux ; & de compofer pour les Dames,
& pour les deux Femmes qui étoient auprès d'elles de miférables tuniques de la
même matiere , qui fuffifoient à peine
pour mettre leur pudeur en sûreté : Que
les Sauvages ne les ayant point traité
d'ailleurs avec dureté , & ne les ayant
pas même gardé avec contrainte , ils
avoient jugé à propos , fuivant l'avis de
Mylord , de prendre le tems de la nuit
pour fe mettre en liberté : Qu'ils avoient
pris des mefures fi juftes, que leur éva-
fion n'avoit point été apperçûe : Qu'il
y avoit quatre jours entiers qu'ils étoient
partis de l'habitation ; mais qu'ils ne s'en
croyoient point fort éloignés , parce
qu'ils n'avoient ofé jufqu'alors marcher
que la nuit , & que dans l'état où ils
étoient, leur marche n'avoit pû être que
fort lente : Que Mylord affectoit de fup-
porter fon malheur avec courage , & de
confoler ceux qui l'accompagnoient ;
mais qu'il n'étoit que trop aifé de voir
qu'il étoit pénétré jufqu'au fond du
cœur : Qu'il avoit pris la peine jufqu'a-
lors de porter lui-même Fanny dans fes
bras , pour lui épargner la fatigue de la
marche, & qu'il avoit refufé conftam-
ment

ment de laiffer ce foin à fes Domeftiques,
qui ne pouvoient retenir leurs larmes en
le voyant marcher ainfi à leur tête : Qu'ils
avoient été affez heureux pour fe munir
de quelques provifions en quittant les
Sauvages ; mais que n'ayant pû être fort
abondantes , il falloit s'attendre à les
voir bientôt manquer : Enfin que fi j'é-
tois affez revenu de ma foibleffe pour
être en état de marcher , il alloit me
conduire vers Mylord, qui me verroit
fans doute avec plaifir : Que c'étoit par
fon ordre qu'il étoit venu , pour s'affurer
fi c'étoit en effet moi-même qui le cherchois , comme l'Efclave le lui avoit fait
entendre : Qu'il en doutoit encore , non
feulement parce qu'Iglou ne prononçoit
point exactement mon nom ; mais beaucoup plus à caufe du peu d'apparence
qu'il y avoit que je puffe me trouver en
Amérique , moi qu'on croyoit marié à
Roüen avec Madame Lallin.

J'écoutois ce difcours avec une conf-
fternation qui me rendoit immobile. Auffi-tôt que Monfieur Youngfter eût ceffé
de parler , je lui pris la main , que je fer-
rai fans rien répondre ; & quoique
je me fentiffe fi foible, que j'avois tou-

jours befoin d'être foûtenu, je me mis
en chemin vers l'endroit où étoit Mylord, en continuant de m'appuyer fur
Iglou. Monfieur Youngfter marchoit devant moi. Nous arrivâmes en un moment à la Bruyere. Elle étoit mêlée de
quelques arbriffeaux, ce qui lui donnoit
l'apparence d'un petit Bois. Je n'apperçûs d'abord perfonne, quoique mes regards fe répandiffent de tous côtés avec
une avidité extrême. Enfin Monfieur
Youngfter m'ayant fait tourner autour
d'un Buiffon, qui faifoit le coin de l'endroit le plus touffu de la Bruyere, je découvris un fpectacle qui m'eût fait mourir mille fois de pitié & de douleur, fi je
n'euffe été prévenu. J'apperçûs Mylord
nud, étendu fur l'herbe, & la tête appuyée languiffamment fur fa main. Il
avoit trois de fes Domeftiques affis auprès de lui, qui fe leverent en me voyant.
Il voulut faire la même chofe ; mais le
prévenant avec un mouvement tout paf-
fionné, je me jettai à genoux auprès des
fiens, & je les embraffai avec une ardeur,
que nul autre que moi n'a jamais fentie.
Ciel ! vous en fûtes témoin. Oh ! qu'il
fe paffa en un inftant d'étranges chofes
dans mon ame.

Mylord ne s'opposa point à cette vive
effusion de ma douleur & de ma tendresse ; mais il ne me dit rien. Je levai la
tête , après l'avoir tenuë ainsi penchée
pendant quelques momens , & je tour-
nai mes yeux sur les siens. Je remarquai
quelques larmes qui couloient le long de
ses jouës. Son visage me parut pâle &
défait. Il me regardoit aussi , sans rompre le silence , comme s'il eût été incertain de la maniere dont il devoit en user
avec moi. Cet embarras , dont il ne m'é-
toit que trop aisé de connoître la raison,
me causa un mortel redoublement de tristesse. Je ne pûs retenir mes plaintes. Ah!
Mylord, lui dis-je , m'avez-vous fermé
votre cœur , & refuserez-vous une legere marque de bonté & de tendresse ,
lorsque je viens la chercher au bout du
Monde , avec le dessein d'y mourir à vos
pieds? Helas ! que vous ai-je fait ? &
comment tant de respect & d'attachement ne sert-il qu'à m'attirer votre haine?
Je m'efforçai envain d'en dire davantage : des sentimens tels que les miens ne
pouvoient s'exprimer par des paroles.
Mylord connut aisément que ma douleur n'étoit point contrefaite. Il me ten-

G ij

dit la main. Je ne vous hais pas, me dit-il; & je suis persuadé que mon malheur vous cause une sincere compassion. Apprenez-moi par quel hazard vous vous trouvez dans cette solitude. Je lui fis connoître, autant que je le pûs, dans le desordre où j'étois, que ce qu'il appelloit un effet du hazard, en étoit un de ma tendresse immortelle pour lui & pour sa Fille; que c'en étoit un du desespoir où son départ de France m'avoit jetté, & de la résolution inébranlable où j'étois d'employer mon sang & ma vie à son service. Je lui appris que je n'étois demeuré en France après lui, qu'aussi longtems qu'on m'y avoit arrêté dans une Prison; que depuis plus de six mois je parcourois les Mers & les deserts de l'Amerique, en cherchant ses traces, & en m'affligeant de la difficulté de les trouver, résolu de passer toute ma vie dans cette recherche, & de compter pour rien tous les périls & toutes les peines. Enfin je m'expliquai assez pour le persuader de mon innocence, & de l'injustice qu'il m'avoit faite de la soupçonner.

Ce fut alors que je reconnus mieux

que jamais la bonté & la générosité de cet aimable Seigneur. Ne pouvant douter que je ne fusse tel qu'il souhaitoit, il ne ménagea plus ni ses sentimens, ni ses expressions. Il m'embrassa d'un air qui marquoit du transport, & il me tint long-tems entre ses bras, sans prononcer une parole. O Ciel! s'éria-t-il enfin, vous déployez sur moi toute votre puissance. Vous me faites sentir toutes les extrémi-tés de la douleur & de la joye. Je suis le plus infortuné de tous les hommes; mais Cleveland ne m'a point trahi: il m'aime encore, & vous m'accordez la sa-tisfaction de le revoir. Il recommença alors à me serrer contre sa poitrine, en me donnant mille noms tendres, & en m'arrosant de ses larmes. J'en versois aussi, & ses caresses passoient jusqu'au fond de mon cœur.

J'avois été partagé jusqu'à ce moment entre le soin de ma justification, & la pi-tié de son malheur; mais commençant à n'être plus occupé que de ce dernier sentiment, toute mon attention se réu-nit sur l'état où je le voyois. Il s'en ap-perçut, à l'air triste & pénétré dont mes regards s'attachoient sur lui. Je lis dans

vos yeux, me dit-il, à quel point mon
infortune vous touche. Il est vrai qu'elle
est extrême, & je cherche envain ce qui
m'attire du Ciel un traitement si rigou-
reux. Je reprens quelque esperance,
ajoûta-t-il ; vous me consolerez, mon
cher Fils, & votre présence m'empêchera de mourir de douleur. Il me parla
de Fanny & de Madame Riding. Elles
vous verront sans doute avec joye, me
dit-il, mais j'appréhende extrèmement
que la pauvre Fanny n'ait plus longtems
la force de résister à ses peines & aux
miennes. Elle est déjà d'une foiblesse qui
me fait tout craindre pour sa vie. Je ne
répondis à ce discours de Mylord qu'en
baisant ses mains, avec une ardeur qui
lui fit assez entendre mes pensées & mes
sentimens. Je comprens que vous sou-
haitez de la voir, reprit-il, & je puis vous
répondre d'avance qu'elle sera charmée
de vous retrouver de l'affection pour elle.
Mais dans l'état où elle est avec Madame
Riding & ses Femmes, je vous conseille,
pour ménager leur modestie, d'attendre
que la nuit nous amene l'obscurité. Elles
ne sont qu'à vingt pas d'ici, & je vois
que le Soleil est prêt à se coucher. Il

fallut me faire violence. Je jettois néanmoins les yeux de tous côtés, dans l'efperance de l'appercevoir. Je crûs même avoir remarqué sa tête qui s'élevoit
au-deſſus de l'herbe, & mes regards demeurerent comme fixes vers cet endroit.
Ses traits, son air, le son de sa voix,
tout se renouvelloit déjà dans mon cœur;
& transporté du plaisir que j'allois sentir
à la revoir, il y avoit des momens où
j'oubliois son infortune, & celle de son
Pere, pour ne m'occuper que de mon
bonheur & de ma joye.

Je proposai néanmoins à Mylord dans
cet intervalle, de prendre une partie de
mes habits pour se couvrir, & d'envoyer
aux deux Dames mon linge, & tout ce
que nous pourrions rendre propre à leur
usage. Je n'avois avec moi que le seul
habit dont j'étois vêtu, avec un large
manteau, ayant été obligé de laiſſer mes
hardes à Powhatan, pour charger nos
deux Chevaux de vivres & de provisions: mais j'étois pourvû suffisamment
de linge. Iglou étoit d'ailleurs fort bien
vêtu, & il avoit un manteau comme
moi; de sorte que nous pouvions trouver dans notre superflu dequoi couvrir

Mylord, & fournir du moins quelques
commodités aux deux Dames. Mon juste-
au-corps étant trop étroit pour lui, il ne
refusa point d'accepter mon manteau,
après avoir pris une chemise : il envoya
à sa Fille ma veste, le manteau d'Iglou,
du linge, & tout ce qui pouvoit être
propre à son usage, & à celui de Madame Riding. Je ne fais pas difficulté,
me dit-il, d'accepter les secours que
vous m'offrez. C'est à votre Pere & à
votre Epouse que vous rendez service.

Quoique Fanny, & Madame Riding
dussent être en état de paroître modeste-
ment avec les habits que nous leur
avions envoyés, Milord souhaita encore
que j'attendisse à leur parler dans l'obscurité, pour leur épargner un reste de
confusion qu'elles ne manqueroient pas
d'avoir à la premiere vûe. Je me fis une
violence extrême. Il employa le tems
qui restoit jusqu'à la nuit à me raconter toutes les circonstances de son départ de France, & de son arrivée en
Amerique. Il ne me cacha point le chagrin que l'opinion de mon infidilité avoit
causé à sa Fille, à Madame Rading, &
à lui-même. Il me confessa même qu'il

s'étoit repenti plus d'une fois d'avoir
quitté si brusquement l'Europe, & de ne
s'être pas convaincu du moins de mon
changement par mon propre aveu, autant par un reste d'amitié qui avoit toujours combattu fortement pour moi dans
son cœur, que par tendresse pour Fanny, qui n'avoit pas eû un moment de
joye & de tranquillité depuis qu'elle
étoit sortie de Roüen. Enfin il me demanda quel fonds je faisois sur mon Efclave, & si nous étions, lui ou moi affez bien instruits de la route pour gagner
sûrement quelque habitation Angloise
ou Espagnole. Je répondis aux premieres parties de son discours, par de nouvelles marques d'attendrissement & de reconnoissance. Pour ce qui regardoit
Iglou, je priai Mylord de se reposer sur
fa fidelité, & sur la connoissance qu'il
avoit de tous ces lieux. Il voulut l'interroger lui-même. Iglou répondit de fort
bon sens à toutes ses questions : mais
Mylord, qui se croyoit déjà fort avancé vers la Caroline, fut étonné d'apprendre qu'il nous restoit à faire environ cent lieuës. Cette nouvelle lui caufa un violent chagrin. Il demanda avec

empreſſement à mon Eſclave , ſi nous
avions encore à craindre la rencontre de
quelques Sauvages. Iglou lui dit que
cela dépendroit de notre bonne fortune,
parce que ces Barbares changeoient ſou-
vent d'habitation , & qu'il s'en trouvoit
toujours quelques - unes au long des
Montagnes. Je remarquai que l'inquiétude de Mylord n'étoit que pour ſa Fille;
& comme cet interêt m'étoit auſſi cher
qu'à lui-même, je preſſai Iglou de chercher tous les moyens qui pouvoient nous
raſſurer contre le peril. Ce bon Eſclave,
après avoir réflechi quelques momens,
nous fit cette propoſition : Je ſuis Ame-
riquain , nous dit-il , de la Nation des
Abaquis. C'eſt une Nation douce , &
beaucoup plus humaine que la plûpart
des autres Sauvages. Elle habite une
fort belle Valée, dont elle eſt en poſſeſſion depuis longtems , & qui n'eſt gueres
plus loin qu'à trente lieuës d'ici. Je m'y
rendrai promptement , ſi vous le ſouhai-
tez, & je vous amenerai de là une eſcorte
ſuffiſante pour vous conduire en ſûreté.
Il ajoûta , pour inſpirer de la confiance à
Mylord , que ſa famille tenoit un des
premiers rangs dans les Colonies de l'Eu-

rope ; qu'ayant été pris par les Espagnols & vendu au Gouverneur de l'Isle
de Cube , il avoit vêcu fort doucement
dans son Esclavage ; qu'il se souvenoit
d'avoir vû Mylord à la Havana au Pa-
lais du Gouverneur : enfin qu'il avoit
beaucoup d'affection pour les Européens , & tant d'attachement pour moi ,
qu'il étoit prêt à exposer même sa vie
pour notre service.

Mylord l'entendant parler avec tant
de zele & de raison , me demanda encore
une fois si l'on pouvoit se fier à ses offres
jusqu'à un certain point. Je crois , lui
dis-je , pouvoir vous en répondre presqu'autant que de moi-même. Je l'ai reçû de Don d'Arpez , qui m'a garanti sa
fidelité , & je l'ai mise depuis à quantité
d'épreuves. Mylord voulut savoir là-
dessus si les trente liuës qu'il y avoit
jusqu'à son habitation étoient tout-à-fait
hors de notre route , si son peuple étoit
aussi humain qu'il le prétendoit , s'il étoit
assuré d'en obtenir du secours , & si l'on
y étoit aussi nud que parmi les autres
Sauvages. Les réponses d'Iglou satisfi-
rent extrêmement le Vicomte. Il lui dit
qu'à le prendre de certains endroits par

lefquels nous devions paſſer pour gagner
la Caroline, il n'y avoit point à ſe dé-
tourner de plus de dix lieuës pour aller
à la Vallée des Abaquis ; qu'il étoit ſûr
d'obtenir d'eux tout ce qu'il leur deman-
deroit, non ſeulement par le crédit de
ſa famille, mais encore plus par la joye
que toute la Nation auroit de le revoir
après une abſence de ſix ans ; qu'il n'y
avoit rien de plus doux que le naturel,
& les uſages de ce peuple ; & pour leur
façon de ſe vêtir, qu'ils étoient nuds à
la vérité pendant ſept ou huit mois de
l'annnée, à cauſe de l'exceſſive chaleur;
mais qu'ils ſe couvroient pendant l'Hyver de la peau des bêtes qu'ils tuoient à
la chaſſe.

Le Vicomte me prit en particulier.
Après tant de malheurs, me dit-il, je ne
ſai ſi je dois prendre la moindre confiance à la Fortune. Mais ſi je croyois votre
Eſclave ſincere & ſon rapport fidele, je
regarderois ce qu'il vient de m'apprendre comme un bonheur dans la triſte ſituation où nous ſommes. Outre les périls que nous avons à courir juſqu'à la
Caroline, & la longueur du chemin qui
m'épouvante, je me ſens une extrême

répugnance à me préfenter dans une habitation Angloife, avec ce miférable
équipage. Si j'ofois compter fur les Abaquis, nous tâcherions de gagner tous enfemble leur Vallée, nous nous y fourni-
rions de vêtemens & de vivres ; & nous
faifant accompagner des plus réfolus, nous
ferions à couvert des infultes, non feulement des autres Sauvages, mais peut-être
de celles mêmes du Capitaine Will. Il me
demanda ce que je penfois de ce projet.
Je lui renouvellai les affurances que je lui
avois données du bon caractere d'Iglou,
& je lui dis que je remettois tout le refte
à fa prudence. Il fit approcher encore
une fois cet Efclave, & lui ayant fait
répeter ce qu'il avoit déjà entendu avec
de nouvelles circonftances, il conclut
qu'en fix jours, ou plûtôt en fix nuits,
(car c'étoit une sûreté qu'il vouloit toujours prendre,) nous pourrions nous rendre à la Vallée des Abaquis. Ce qui nous
reftoit de vivres pouvoit nous fuffire juf-
ques-là ; de forte que le deffein de ce
voyage fut regardé comme une réfolution prife.

Pendant que nous étions dans cet entretien, & que l'ardeur impatiente que

j'avois de revoir Fanny, interrompoit à
tous momens mon attention, la nuit
prit enfin la place du jour. Je le fis remarquer à Mylord; il entendit ce que
cela fignifioit. Nous prîmes notre chemin vers l'endroit où nous étions atten-
dus par les deux Dames. L'obfcurité
n'étoit pas fi profonde, qu'on ne pût
diftinguer fort bien les objets. J'apperçûs Fanny. Helas! dans quel état l'ap-
perçûs-je? Quel nom donnerai-je aux
fentimens de tendreffe, qu'une vûe fi
chere & fi fouhaitée me fit naître? &
comment exprimerai-je en même-tems la
douleur & la compaffion dont je me fentis pénétré?

Ses Femmes avoient employé affez
adroitement le linge & les habits que
j'avois envoyés pour la couvrir. Mais
elle avoit encore la tête & les pieds nuds.
Ses cheveux étoient épars fur fes épaules. Elle étoit affife proche de Madame
Riding, & elle avoit la tête appuyée fur
fes genoux. Comme elle tenoit les yeux
fermés, & qu'il ne paroiffoit pas qu'elle
nous apperçût: Regardez - nous, ma
Fille, lui dit Mylord; c'eft Cleveland
que je vous amene. Elle jetta les yeux

fur moi, & elle les baiſſa auſſi-tôt, avec
un profond ſoupir. Je ſavois bien qu'elle
n'étoit point encore informée de mon innocence ; de ſorte qu'avec les plus vio-
lens tranſports, dont on ait jamais été
agité, je ne laiſſois pas de demeurer froid
& immobile à l'exterieur, ſans avoir même la hardieſſe de me jetter à ſes genoux.
Son Pere, qui jugea aiſément d'où venoient ſon ſilence & ma timidité, la fit
lever, en la prenant par la main. Faites
donc, lui dit-il, quelques honnêtetés à
Cleveland. Nous l'avons accuſé injuſte-
ment ; il nous a toujours aimés. Elle ſe
leva, & je me jettai alors à ſes genoux
devant elle, avec une action ſi paſſion-
née, qu'elle n'eût pas beſoin d'autre in-
terprétation de mes ſentimens. Je voulois baiſer ſes pieds ; elle m'arrêta, &
me priant d'une voix baſſe de me lever,
je vis qu'elle verſoit une abondance de
larmes, & qu'elle ſe faiſoit effort pour
retenir ſes gémiſſemens. Mylord, auſſi attendri que moi de l'état où il la voyoit,
me dit de l'embraſſer. Ah ! Mylord, m'é-
criai-je, je ne demande que d'être ſouf-
fert à ſes genoux ; & m'y jettant pour la
ſeconde fois, j'ajoûtai que je ne quitterois

cette situation qu'avec la vie, si elle ne re-
prenoit pas les sentimens de bonté qu'elle
avoit eûs pour moi. Soyez sans inquiétude, me répondit le Vicomte; je vous
répons qu'elle vous aime, & que nous
sommes tous fort satisfaits de vous revoir.

Madame Riding m'assura la même
chose, en m'embrassant tendrement. Je
leur adressai à tous trois, l'un après
l'autre, mille choses tendres & touchan-
tes; & Mylord s'étant assis, & nous faisant signe de l'imiter, je pris ma place
aux pieds de ma Souveraine, avec plus
de joye que j'en aurois eû sur le premier
Trône de l'Univers.

Je ne sçai comment le cœur peut
passer si subitement d'une certaine situation, à celle qui lui est opposée : un
instant produit quelquefois cette étrange vicissitude. Est-ce donc qu'il y a si
peu de difference entre les mouvemens
intérieurs qui font la douleur & la
joye? Ou plutôt, n'est-ce pas en effet
le même mouvement, qui prend differens noms selon qu'il change d'objet &
de cause? Qu'on y fasse attention : une
véritable joye a les mêmes symptômes
qu'une excessive douleur. Elle excite
des

des larmes, elle ôte l'ufage de la voix,
elle caufe une délicieufe langueur, elle
attache l'ame à confidérer la caufe de
fes émotions ; & de deux hommes tranf-
portés l'un de joye & l'autre de douleur, je ne fçai lequel fouffriroit le
plus volontiers qu'on lui arrachât le
fentiment dont il jouit. Pour moi, qui
n'avois pû retenir mes pleurs à la vûe
du trifte état où j'avois trouvé Mylord & fa Fille, je m'apperçus que j'en
verfois encore lorfque je commençai à
n'être plus occupé que du bonheur de
les revoir & d'être rentré dans leur efti-
me. J'avois les yeux attachés fur Fanny :
l'obfcurité ne pouvoit me faire perdre
un feul de fes regards. Je lui reprochai
tendrement, à elle & à fon Pere, les
peines mortelles que leurs injuftes foupçons m'avoient caufées ; je demandai
d'en être dédommagé par le redoublement de leur affection : ils me le pro-
mirent de la maniére la plus tendre ;
& Fanny elle-même, autorifée par fon
Pere, & touchée des témoignages de
ma paffion, ne fe refufa point à mes
innocentes careffes.

Nous paffames dans cet état une partie

de la nuit ; & nous confirmant dans la
réfolution de nous remettre à la conduite d'Iglou, nous partîmes quelques
heures avant le jour, pour prendre le
chemin de la Vallée des Abaquis. Les
deux Dames fe fervirent de nos chevaux. Nous étions continuellement autour d'elles, & fi attentifs à leur rendre toutes fortes de fervices, qu'elles
ne fouffrirent point d'autre incommo-
dité pendant fept nuits de marche,
que celle du mouvement du cheval.
Nous nous arrêtions au point du jour
dans quelque lieu couvert, & nous
paffions le tems jufqu'au foir à nous
entretenir de nos avantures, ou à prendre du repos & quelques rafraîchiffe-
mens. Il me vint à l'efprit plus d'une fois
de propofer à Mylord l'accompliffement
de fes promeffes, c'eft-à-dire l'exécution
de mon mariage avec fa Fille. J'en parlai à Fanny. Qui fait, lui dis-je à quoi le
Ciel nous réferve ? Un mal-entendu m'a
expofé au malheur de vous perdre, dans
un tems où nous n'appréhendions rien de
la Fortune. Aujourd'hui, nous fommes
peut-être à la veille de quelque nouvelle
difgrace, qui peut nous féparer plus

long-tems que jamais. Ah! s'il falloit vous quitter fans être à vous ! . . . Helas ! repris-je aprés un moment de réflexion, foit après, foit avant le bonheur de vous être uni, il ne faut plus efpérer que je puiffe vivre fans vous. Mais quelle plus douce confolation pourrois-je fouhaiter, même en mourant, que de vous appartenir par les liens du Mariage ? Chere Fanny, n'y confentez-vous pas ? Ai-je quelque chofe à combattre dans votre cœur ?

Elle me répondit, que j'en étois le maître abfolu ; qu'elle me laiffoit le foin de notre bonheur commun, & qu'elle le fouhaitoit autant que moi. Nous ne tarderons donc gueres à l'obtenir, repris-je ; & je m'adreffai fur le champ à Madame Riding, que je priai de faire cette propofition à Mylord. Elle ne refufa point de s'en charger : mais elle me fit craindre d'y trouver quelque difficulté, parce qu'il n'y avoit point d'apparence, me dit-elle, qu'il confentît à me donner fa Fille fans les Cérémonies de l'Eglife. Cependant, elle fit naître l'occafion de u i en parler, & elle fut furprife de lui entendre dire, non feulement qu'il y

avoit déja pensé, mais que son dessein é-
toit de prévenir ma demande si nous pouvions jouïr d'un moment de tranquillité
chez les Abaquis.

Notre route s'acheva fort heureusement. Lorsque nous fûmes à une certaine
distance de la principale Habitation, Iglou
nous fit entendre qu'il étoit à propos
qu'il y entrât seul, pour disposer son
Peuple en notre faveur, & le préparer
à nous voir sans crainte & sans étonnement. Je le pris à l'écart. Iglou, lui
dis-je, tu vois avec quelle confiance
nous t'abandonnons notre vie & notre
liberté. J'ai répondu de toi à Mylord.
Ne trahis point ton Maître, & souviens-
toi de la bonté avec laquelle je t'ai toujours traité. Il se jetta à mes pieds avec
un transport de joye, & il me protesta que
loin de mériter que j'eusse la moindre défiance de sa fidélité, il alloit me faire voir
non seulement qu'il nous étoit dévoué
entiérement ; mais encore, que les Eu-
péens ne rendent point justice aux Ameriquains, en les prenant tous pour des
hommes brutaux & farouches. Il nous
quitta, en nous promettant de ne pas
nous causer d'impatience par sa lenteur.

Quoique Mylord eût été l'auteur de ce
voyage, je remarquai que se voyant si
proche d'être livré à la discrétion d'un
Peuple barbare & inconnu, il n'étoit pas
exempt d'inquiétude. Pour moi qui connoissois parfaitement mon Esclave, je n'a-
vois point d'autre crainte que celle qui
est inséparable de l'amour, même dans
l'éloignement du danger.

Iglou revint vers le milieu du jour.
Mais s'il se présenta d'abord seul, ce ne
fut que par une précaution semblable à
celle qu'il avoit voulu garder avec ses
Compatriotes, c'est-à-dire par la crainte
de nous causer quelque allarme si nous
l'eussions vû trop bien accommpagné.
Nous entendîmes son rapport avec empressement. Il nous dit d'un air satisfait
que nous connoîtrions bientôt s'il étoit
considéré par les siens. Il nous prévint
seulement sur quelques-unes de leurs
coutumes, qui pourroient nous paroître
bizarres & incommodes; & il nous pria
particulierement de ne pas nous offenser
de la curiosité avec laquelle on s'appro-
cheroit de nous pour observer nos ma-
niéres & notre figure. Il n'avoit point
fini son discours, que nous vîmes sortir

de l'Habitation un Gros de Sauvages,
qui n'étoit pas composé de moins de
cinq ou six cens personnes. Iglou nous
pria encore de ne pas nous allamer. Il
nous apprit que c'étoit par l'ordre des
Chefs, & pour nous faire honneur,
qu'une partie des Habitans s'étoient
assemblés pour venir au-devant de nous.
Ils s'avancerent en effet vers le lieu où
nous étions. S'étant arrêtés à cinquante
pas de distance, ils parurent attendre
qu'Igou retournât à eux pour leur marquer la conduite qu'ils devoient tenir. Je
lui dis qu'il nous feroit plaisir d'empêcher toute cette Troupe de s'approcher,
& qu'il suffisoit qu'il nous amenât les
Principaux. Pendant qu'il alloit à eux,
Mylord donna ordre au petit nombre
de personnes qui composoient sa suite,
de garder beaucoup de mesures avec les
Sauvages, & de les traiter toujours avec
douceur.

Il n'y en eut que douze ou treize
qui se détacherent du Corps, & qui
suivirent Iglou. Nous nous tînmes de-
bout pour les recevoir. Iglou leur ayant
montré Mylord, comme celui à qui ils
devoient rendre leurs premiers respects,

ils le faluerent en courbant le corps &
en croifant les bras de mille façons differentes. Ils me firent enfuite les mêmes civilités, & ils n'en adrefferent pas
moins aux deux Dames. Cette premiere
cérémonie fe paffa en filence. Iglou prit
enfin la parole pour eux, & il nous
affura en leur nom, qu'ils étoient char-
més de nous voir, & qu'il n'y avoit
point de fervices qu'ils ne fuffent difpofés à nous rendre. Mylord lui ordonna de leur répondre que nous étions
perfuadés de leur générofité & de leur
bonne foi, & que c'étoit fur ce fondement que nous n'avions point appré-
hendé de venir parmi eux pour leur demander leur affiftance & leur amitié.

Auffi-tôt que ces complimens furent fi-
nis, & qu'ils parurent prendre confiance à
l'air ouvert & fincere que nous tâchions
de répandre dans nos manieres & fur nos
vifages, ils nous firent des careffes beaucoup plus familieres. Ils nous baiferent
plufieurs fois au front, & à la poitrine. Ils
nous regardoient avec une apparence
d'étonnement, & je crûs appercevoir du
bon fens, & de la réflexion dans la maniere dont ils fe communiquoient leurs

remarques. Leur figure n'avoit rien d'ef-
frayant. Tous les Sauvages de cette partie de l'Amerique ont communément la
taille haute & droite. Ils font bazanés,
mais fans être noirs ni olivâtres. La couleur de leur peau eft une efpece de brun
foncé, qu'ils apportent prefque en naif-
fant, & qui fe foûtient dans le même
état pendant toute leur vie. Ils font nuds,
excepté au milieu du corps. On voit bril-
ler un certain feu dans leurs yeux, qui
fait bien juger du fond de leur ame; &
quoiqu'il y ait en général quelque chofe
de farouche dans leur air & dans leurs
regards, on ne fauroit dire que ce foit
férocité, ni que leur extérieur foit ca-
cable de caufer de l'épouvante. La plûpart étoient armés d'arcs & de fléches,
& quelques-uns avoient la tête ornée
de plumes, qui traverfoient bizarrement
leurs cheveux.

Quelque attention qu'ils euffent tous
à nous obferver, j'en remarquai deux qui
s'attacherent à moi plus particulierement,
& qui me renouvelloient à tous momens
leurs careffes. Iglou me fit connoître que
l'un étoit fon Pere, & l'autre fon Frere.
Il leur avoit déjà dit que j'étois fon Maître,

tre, & que je l'avois toujours traité avec
une indulgence, qu'on n'a point ordinairement pour un Esclave ; de sorte qu'ils
s'efforçoient, à l'envi de me marquer
leur reconnoissance. Ils conserverent
cette disposition si constamment, qu'ils
ne se lasserent point dans la suite de m'en
donner sans cesse de nouvelles preuves.

Iglou nous proposa de nous rendre
dans l'habitation. Nous y consentîmes.
A peine l'eût-il dit aux autres Sauvages,
que sur un signe qu'ils firent à ceux qui
ne s'étoient point encore approchés ,
nous les vîmes accourir vers nous avec
précipitation. Il fallut essuyer pendant
long-tems leurs salutations & leurs caresses. Il y avoit parmi eux quelques
femmes, qu'Iglou présenta à Fanny & à
Madame Riding. L'une étoit sa Sœur.
Il me pria d'engager Fanny à recevoir
ses services, & à souffrir qu'elle fût continuellement auprès d'elle. Ces femmes
étoient de la même couleur que leurs
Epoux, mais elles avoient quelque chose de plus doux dans le visage & dans les
yeux. Fanny traita avec bonté la Sœur
d'Iglou qui s'appelloit Rem. Nous en-

tendions pendant ce tems-là un bruit confus de paroles, dont nous ne pouvions
diſtinguer l'articulation ; & comme les
marques d'amitié ſe renouvelloient ſi ſou-
vent, qu'elles commençoient à nous devenir incommodes, je témoignai à Iglou
que nous ſouhaitions d'être conduits dans
quelque lieu où nous puſſions être plus
tranquiles. Il me dit qu'on nous avoit
préparé des logemens où nous ſerions les
maîtres, & dont on n'accorderoit l'entrée qu'à ceux que nous y voudrions recevoir ; mais qu'il falloit donner quelque choſe à l'ardeur de ſon Peuple,
dont la conduite ſe régloit ordinairement
par les premieres impreſſions. Nous fu-
mes obligés, pour ſuivre ce conſeil, de
ſouffrir qu'on nous portât à l'habitation
d'une maniere extrêmement bizarre.
Chacun de nous fut pris par deux Sauvages, qui nous firent aſſeoir ſur leurs
mains, qu'ils tenoient liées l'une à l'autre par les doigts, pour compoſer une
eſpece de banc ; & nous faiſant paſſer
les bras à droite & à gauche ſur leurs
épaules, & autour de leur col, ils nous
tranſporterent dans cette poſture, avec
une legereté ſurprenante, l'eſpace de plus

de cinq cens pas qu'il y avoit jufqu'à
l'habitation. Nous trouvâmes fort peu
d'ordre & de netteté dans leurs ruës &
dans leurs maifons. Leurs ruës ne font
nullement pavées ; mais le fond en eft
de fable, ce qui les rend très-incommo-
des en Eté, à caufe de la pouffiere que
le moindre vent agite continuellement.
Les maifons font compofées d'un mêlan-
ge de bois, de terre & de cailloux. Elles
n'ont point de double étage ; mais en récompenfe elles font fi longues & fi larges,
qu'une feule fuffit communément pour
loger deux ou trois familles. Il n'y a que
les principaux Chefs qui en ayent de
particulieres. On en tenoit prête pour
nous une des plus commodes. Nous y
entrâmes avec joye, pour nous délivrer
de la foule du Peuple ; & quoique les
Chefs y fuffent entrés avec nous, ils eurent la complaifance de fe retirer, lorfqu'Iglou les eût averti de notre part que
nous avions befoin de repos.

En effet la fatigue & les inquiétudes
d'un fi dangereux voyage nous avoient
rendu le repos abfolument néceffaire.
Iglou nous fit apporter par quelques
Sauvages, qui avoient reçû ordre de

nous fervir, un grand nombre de Peaux,
dont il nous fit compofer des lits, auffi
conformes qu'il lui fut poffible aux ufages de l'Europe. Il triomphoit de joye,
en nous faifant rendre ces fervices, qui
nous marquoient non feulement fon affection, mais encore l'autorité de fa famille, & la confideration où il étoit parmi les Abaquis. Il ne nous avertiffoit pas
même d'une autre galanterie qu'il nous
avoit fait préparer, & par laquelle il
vouloit agréablement nous furprendre.
Tandis qu'il étoit à nous entretenir de
quelques coûtumes de fa Nation, nous
vîmes notre porte s'ouvrir, & une dou-
zaine de jeunes Filles entrer avec des
corbeilles chargées de viandes rôties, &
des meilleurs fruits du Pays. Elles nous
les fervirent, finon avec magnificence,
du moins avec affez de propreté pour ne
nous laiffer rien appercevoir de dégoû-
tant. Nous ne pûmes refufer d'en man-
ger quelque chofe, quoique la faim ne
fût pas notre befoin le plus preffant. Les
Filles Sauvages danferent pendant notre
repas. Iglou les animoit, croyant ce fpectacle fort propre à nous divertir. Enfin
je lui fis connoître que nous fouhaitions
de demeurer libres.

Avant que de nous livrer au sommeil ,
nous nous entretînmes long-tems de l'é-
tat de notre fortune. Mylord nous té-
moigna qu'il étoit fort satisfait d'avoir
pris le parti de venir chez les Abaquis.
Tout ce que nous avions vû jusqu'alors
de cette Nation , répondoit parfaitement
aux promesses d'Iglou. Nous étions du
moins assurés de pouvoir nous y délas-
ser tranquillement pendant quelques
jours. Pour l'Escorte que nous eussions
souhaité d'obtenir jusqu'à la Caroline ,
nous ne crûmes point que ce fût une proposition à faire dès les premiers momens
de notre arrivée. C'étoit Iglou qui devoit nous ménager cette faveur , & nous
commencions à voir fort bien qu'il ne
lui seroit pas difficile de nous la faire accorder. Tout s'achemine heureusement,
reprit Mylord , après ces réflexions , &
je ne sçai comment nous pourrons assez
reconnoître les obligations que nous
avons à Cleveland. Un-discours si obli-
geant fut une ouverture exrêmement favorable pour mes desirs. J'y répondis
aussi-tôt de la maniere la plus propre à
faire connoître leur ardeur ; & Mylord
qui comprit le sens de ma réponse, me

dit ouvertement que Fanny seroit mon
Epouse quand je voudrois la recevoir.
Quand je le voudrai! O Dieu! m'écriai-
je, peut-il y avoir à présent le moindre
délai, & remettrons-nous à un autre
jour ce qui peut être exécuté dès ce moment? Vous allez trop vîte, repartit Mylord; attendons du moins que le jour
vienne nous éclairer. J'ai fait réflexion,
ajoûta-t-il, que nous sommes sans Ministre: mais cette difficulté n'empêchera
point que je ne vous donne ici ma Fille.
L'autorité Sacerdotale n'ajoûte rien d'essentiel à celle d'un Pere. Mon consentement & ma bénédiction suppléront au défaut des Cérémonies de l'Eglise, & nous le
réparerons dans la suite par une célébra-
tion plus canonique.

Cette assurance formelle me mit dans
la plus douce situation où je me sois trouvé de ma vie. J'oubliai tous mes malheurs. Je me flattai même qu'il ne pouvoit plus m'en arriver, & que j'allois
être elevé pour toujours au-dessus de la
fortune & de tous les revers. Il est vrai
que ma joye étoit mêlée de quelque tristesse, lorsque je pensois à l'état auquel
Fanny étoit réduite, & aux misérables

circonſtances qui alloient accompagner
le plus heureux de tous les évenemens.
Quelle fête! Quelle pompe nuptiale!
dans le fond de l'Amerique, au milieu
d'un Peuple barbare, dépourvû des
commodités les plus néceſſaires à la vie.
Je craignois même que Fanny, touchée
comme elle étoit de l'excès de notre mi-
ſere, n'en fût moins ſenſible à notre bonheur commun, & que cela ne me dérobât
quelque choſe de ſa tendreſſe & des
marques que j'oſois en attendre. Je lui
communiquai mes craintes. Sa réponſe les
confirma. Helas! me dit-elle, quelle bizarre deſtinée! Quels auſpices pour les
ſuites de notre amour & de notre mariage! Elle prononça ces quatre mots,
en me ſerrant la main, & en laiſſant tomber quelques larmes. Je frémis moi-même d'un ſi triſte préſage : mais rejettant
ce mouvement comme une foibleſſe, je
ne penſai qu'à raſſurer Fanny. Notre
tendreſſe, lui dis-je, & notre conſtance
l'emporteront ſur la malignité de notre
ſort. Je ne m'allarme de rien, ſi vous
m'aimez. Ah! ſi je vous aime! reprit-
elle tendrement. N'eſt-ce pas encore un
préſage terrible pour moi, que vous en

puissiez douter ? Non, ajouta-t'elle, en redoublant ses larmes, je ne serai pas plus heureuse que ma Mere. J'eus beaucoup de peine à dissiper ses frayeurs & son agitation, & j'y employai une partie de la nuit, pendant que Mylord & Madame Riding la passoient à dormir.

J'étois d'autant plus pénetré de l'inquiétude & des pressentimens de Fanny, que je la connoissois d'un caractere d'esprit solide, & fort supérieur aux petites craintes du vulgaire. Cependant, comme je ne prévoyois rien, du moins par rapport à elle & à moi, qui dût me causer de véritables allarmes, je ne laissai pas de passer tranquillement une nuit, qui devoit être suivie du plus heureux jour de ma vie. Tous les désirs de mon cœur seront demain satisfaits, disois-je en m'endormant; j'obtiendrai ce que j'aime; j'en serai plus fort contre les coups de la fortune. L'étude de la Sagesse sera désormais ma seule occupation; j'y trouverai toujours assez de ressource pour me défendre contre des maux d'une certaine nature. L'indigence, par exemple, n'aura jamais le pouvoir de me causer un moment de chagrin. Si je suis foible par

quelque endroit, c'est par le cœur, &
c'est heureusement de ce côté-là que je
serai le moins exposé, puisque j'épouse
demain Fanny, & que rien, doréna-
vant, ne sera capable de me séparer
d'elle, non plus que de Mylord & de
Madame Riding. Le sommeil me prit
dans ces pensées, & je ne me réveillai
le lendemain que pour les reprendre avec
un renouvellement de joye & de contentement.

Iglou qui fut informé de la conclusion
si prochaine de mon mariage, se donna
beaucoup de mouvement sans m'en avertir, pour engager ses Compatriotes à le
celebrer d'une maniere éclatante. Je passe
sur cette Fête ridicule, que nous fûmes
obligés de souffrir par des vûes d'interêt.
Nous n'y considerâmes que l'utilité dont
notre complaisance nous pouvoit être
pour nous concilier de plus en plus les
Sauvages. Il fallut accepter un Festin,
qui nous fut offert par les Principaux,
& consentir à prendre place à table avec
eux. Mylord se fit même un plaisir de
nous faire observer leurs cérémonies. Il
en laissa la direction au Pere d'Iglou,
qui tenoit un des premiers rangs dans

l'Assemblée. Aussi-tôt que le souper fut fini, ce Sauvage vint me prendre à la place où j'étois assis, pendant que sa Fille prenoit aussi Fanny par la main. Ils nous firent avancer tous deux au milieu de la maison, & tous les Assistans formerent un cercle autour de nous. Rem, Sœur d'Iglou, me presenta une espece de corde, composée d'écorce d'arbre, & elle me fit entendre qu'il falloit que je la reçusse pour lier Fanny à la ceinture. Elle me fit serrer fortement les nœuds. Ensuite offrant à Fanny le bout de la même corde, qui étoit fort longue, elle l'aida à me la passer aussi autour du corps, & me lier comme elle l'étoit elle-même. Nous tenions ainsi l'un à l'autre, à la distance de deux ou trois pas. Tous les Sauvages s'approcherent alors successivement, & feignirent, l'un après l'autre, d'employer toute leur adresse pour desserrer nos nœuds. A mesure que chacun d'eux se retiroit, il témoignoit, par un branlement de tête & par quelques paroles, que son entreprise n'avoit pû réussir. Lorsqu'ils eurent tâché de nous délier par adresse, ils revinrent dans le même ordre, & ils parurent faire de

grands efforts pour rompre la corde .
Cette tentative n'ayant pas eu plus de
fuccès que la premiere , le Pere d'Iglou
& fa Fille nous conduifirent auprès de
Mylord , & ils lui dirent , comme nous
l'apprîmes enfuite par l'explication d'I-
glou , qu'ils avoient trouvé fa Fille liée
comme il la voyoit , qu'ils s'étoient ef-
forcés inutilement de la mettre en liberté , & que c'étoit à lui à tenter s'il
réuffiroit plus heureufement. On lui avoit
mis entre les mains une corde , qu'on lui
fit jetter pour toute réponfe autour de fa
Fille & de moi ; il nous lia ainfi étroite-
ment l'un avec l'autre , & outre les nœuds
qu'il fit à fa propre corde , il en ajouta
quelques-uns à ceux que nous avions faits
à la nôtre. Les Sauvages témoignerent
leur applaudiffement par de grands cris.
L'un d'entre eux dit alors en levant la
voix , que les efforts qu'on avoit faits
pour nous délier , s'étant trouvés inutiles , & le Pere lui-même ayant contri-
bué à ferrer nos liens , il n'y avoit plus
rien au monde qui dût être capable de
les rompre ; que nous n'avions à nous
plaindre de perfonne , puifque nous nous
en étions chargés volontairement ; qu'il

étoit bien clair que c'étoit le Soleil même qui nous avoit inspiré cette envie ; qu'il beniroit notre union ; & que nous devions lui promettre, par reconnoissance, de ne nous repentir jamais de l'avoir formée.

Les Abaquis adorent le Soleil, & ne reconnoissent point d'autre Divinité. Il eût fallût, pour achever notre mariage, selon leurs coutumes, prendre cet Astre à témoin de la constance de notre engagement. Mais ayant d'autres principes de Religion, je choisis ce moment pour jurer une foi éternelle à Fanny en présence du Ciel & de son Pere ; & elle fit en même-tems la même chose à mon égard, par l'ordre de Mylord, qui lui dicta lui-même ses expressions. Il nous fit ajouter à ce serment la promesse de nous présenter aux pieds des Autels aussi-tôt que nous en aurions la commodité, pour y recevoir la benediction d'un Ministre, & il nous donna ensuite la sienne avec les plus vives marques de tendresse & de satisfaction. Je me jettai à ses genoux, dans un transport de joye & de reconnoissance. J'y demeurai quelque tems, sans pouvoir m'exprimer. Tant de bonheur & de contentement me paroissoient un songe. Je me demandai mille fois si j'étois encore ce malheureux Cleveland, accoutumé à souffrir & à se plaindre ; & je me crus reconcilié pour toujours avec la Fortune.

Après avoir souffert pendant quelques momens les caresses & les felicitations bizarres des Sauvages, nous retournâmes à notre Cabane. Mylord, qui avoit été fort content du zéle de ces Barbares, changea la résolution qu'il avoit prise de ne pas leur proposer si-tôt de nous accorder une Escorte. Il crut au contraire que ce seroit dans la premiere ardeur de leur amitié que nous en obtiendrions plus facilement ce secours ; & il s'occupa avec Iglou à concerter de quelle maniere il leur feroit cette proposition. Je leur laissai ce soin, tandis que j'étois occupé avec ma chere Epouse à satisfaire mon amour & le sien.

J'étois tendre & passionné, & Fanny l'étoit autant que moi. Cependant, croira-t'on, que dans une nuit toute consacrée à la joye & aux douceurs de l'amour, la tristesse & la douleur me firent encore sentir leur amertume ? Etrange

caprice du fort, qui ne m'a jamais laiffé
goûter de plaifir fans mélange ! Je tenois Fanny dans mes bras ; je n'aurois
pû me former même l'idée d'une condition plus douce : mais dans le tems que
je recevois fes plus tendres careffes, je
m'apperçus qu'elle poulfoit des foupirs
qui ne pouvoient partir d'un cœur heureux & tranquille. Je lui en fis des reproches, aufquelles elle ne pût répondre fi
bien, qu'elle ne me laifsât beaucoup
d'inquiétude. J'en aurois accufé fon in-
difference, fi j'euffe pû douter de fon
amour ; mais j'en avois des preuves, que
rien n'étoit capable de me rendre fuf-
pectes. Je remarquai même qu'elle s'affligeoit de m'avoir laiffé découvrir quelque chofe de fon trouble, & qu'elle s'ef-
forçoit de me faire prendre une autre
opinion de fes foupirs. Je la preffai en
vain de s'expliquer, à moi qui l'adorois,
à moi qui ne voulois vivre que pour lui
plaire. Elle fe plaignit à fon tour de l'in-
jure que je faifois à fa tendreffe, & elle
me força de renfermer mes agitations
dans mon cœur. Mais elles n'en fub-
fifterent pas moins, & je fentis trop bien
qu'il manquoit quelque chofe à fa feli-

cité , & par conséquent à la mienne.

N'anticipons point sur cette nouvelle source de peine. Quoique je n'en aye gueres essuyé de plus sensibles , elles ont été précedées par un si grand nombre d'autres infortunes , qu'en suivant simplement l'ordre des évenemens de ma vie , j'aurai toujours de quoi soutenir l'attention de mes Lecteurs.

Les nouvelles assurances que je reçus de l'affection de Fanny , furent si persuasives , que les joignant aux preuves passées , je ne crus pas pouvoir en douter un moment sans lui faire injustice. Ainsi je conclus à n'attribuer les marques de sa tristesse , qu'à la mauvaise situation de notre fortune , & à mille incommodités que tout notre zéle ne pouvoit l'empêcher de ressentir. Je sçavois d'ailleurs , que le fond de son humeur étoit une mélancolie douce qui l'abandonnoit rarement , même dans la condition la plus heureuse ; & loin d'avoir de l'éloignement pour ce caractere , je le goûtois extrêmement , parce qu'il dispose toujours un cœur à la tendresse & à la fidelité. Je me contentai donc de la faire souvenir que ce n'étoit point à moi qu'elle

devoit faire un myftere de fes peines,
puifqu'elle étoit bien affurée que ma vie
même ne feroit jamais épargnée pour les
diffiper ou pour les prévenir. Elle eut la
prudence de ne laiffer rien appercevoir à
Mylord de ce petit démêlé. Nous apprîmes le matin qu'Igiou avoit choifi ce
jour-là pour propofer notre départ aux
Sauvages , & pour leur demander la faveur que nous attendions d'eux. Il n'y
avoit point de raifons qui puffent nous
empêcher de l'efperer, de forte que nous
comptions fur d'heureufes nouvelles à
fon retour. Il revint néanmoins d'un air
à nous faire craindre que fa commiffion
n'eût point réuffi. Je me fuis hâté de venir feul, dit-il triftement à Mylord , pour
vous prévenir fur le fujet qui va amener
ici nos principaux Chefs. Je leur ai expliqué vos defirs , & l'intention où vous
êtes de vous rendre inceffamment à la Caroline. Ils ont paru affligés de votre réfolution , qui les privera fi-tôt du plaifir de vous voir. Cependant, lorfque je
leur ai fait entendre que vos affaires le
demandent néceffairement , & que vous
regarderez comme une preuve de leur
amitié qu'ils y confentent , ils fe font ac-
cordés

cordés tous d'une voix à vous laisser la
liberté que vous desirez. Pour l'Escorte,
elle vous sera accordée, aussi nombreuse
que vous la demanderez, & le desir d'en
être est déja si répandu, que chacun sol-
licite avec empressement pour obtenir
cet honneur. Je croyois l'affaire heureusement finie, continua Iglou, & je me
disposois à revenir pour vous en rendre
compte, lorsqu'un des plus anciens de
la Troupe a fait une proposition qui va
vous causer beaucoup de chagrin. C'est
de vous laisser partir, à la verité; mais
de retenir ici mon Maître & ma Maîtresse. Iglou parloit de Fanny & de moi.
Ce dessein, ajouta-t'il, a été reçu de
tout le monde avec des cris de joye &
d'applaudissement. Je me suis efforcé en
vain de le faire changer, en leur repre-
sentant que vous feriez difficulté d'y consentir. Ils ne m'ont point écouté, &
vous allez les voir ici en foule pour vous
le déclarer à vous-même.

    Ce récit nous causa tout l'étonnement
qu'on peut s'imaginer. Je ne pus m'empêcher de faire des reproches à Iglou de
nous avoir engagés dans cet embarras,
& de lui demander où étoit sa bonne-foi.

& celle de ses Compatriotes ? Ce pauvre
Garçon ne me répondit que par des larmes, qui marquoient sa sincerité & son
desespoir. Les Sauvages ne tarderent
point à paroître. Ils firent expliquer leur
demande à Mylord par Iglou ; & sans attendre sa réponse, ils nous environnerent
Fanny & moi, pour nous donner des témoignages de la joye qu'ils avoient de
nous conserver parmi eux. Je me dégageai de leur mains, & m'approchant de
Mylord, je l'embrassai & je le serrai de mes
bras, en tâchant de leur faire entendre
par mes signes que je ne voulois point
me séparer de lui. Nous dictâmes à Iglou
tout ce que nous crûmes de plus propre
à les attendrir ou à les persuader. Il ne
me parut point qu'ils fissent même attention à la force de nos raisons. Ce n'étoit
plus qu'un bruit tumultueux de gens qui
dansoient autour de nous, & qui nous
baisoient affectueusement au front & à la
poitrine. Mylord, voyant bien qu'il seroit difficile de les faire changer de pensée, prit le parti de leur faire dire qu'il
demandoit quelque tems pour déliberer
sur leur priere. Ils se retirerent, sur quelques instances que nous leur fimes de
nous laisser seuls.

Il feroit difficile de fe repréfenter notre incertitude & notre affliction. Nous
tînmes Confeil fur cet étrange évenement. Il ne fembloit pas qu'il y eût deux
partis à prendre : car, abandonner Mylord pour demeurer parmi les Abaquis,
n'étoit pas même une chofe à mettre en
déliberation. Mais la difficulté étoit de
trouver les moyens de s'en défendre.
Iglou nous confeffoit avec larmes, que
les Sauvages ne revenoient guéres d'une
réfolution qu'ils avoient une fois prife
avec tant de joye & d'unanimité, & que
ce n'étoit ni par raifonnemens, ni par
prieres qu'il falloit efperer de les fléchir.
Ils avoient conçû, me difoit-il, de l'affection pour Fanny & pour moi. Ils pré-
tendoient nous en donner une forte marque en nous retenant, même malgré nous.
Vous obtiendrez d'eux, ajoutoit Iglou,
tout ce que vous exigerez de leur zéle
& de leur amitié ; ils vous accorderont
une autorité abfolue dans la Nation :
vous les gouvernerez.

Cette maniere de s'expliquer nous fit
douter pendant quelques momens s'il ne
nous trompoit pas, & s'il n'agiffoit point
de concert avec fes Compatriotes. Mais

K ij

nous rendîmes plus de justice à sa bonne
foi, lorsque nous le vîmes prêt à suivre
la résolution à laquelle Mylord s'arrêta.
Ce fut de nous dérober secretement, &
de prendre pendant la nuit le chemin de
la Caroline, au risque de retomber dans
tous les dangers que nous avions crû
pouvoir éviter en venant chez les Abaquis. Nos deux chevaux étoient encore
dans ma disposition. Il n'y avoit d'embarras que pour les vivres, dont nous
appréhendions de ne pouvoir nous fournir aisément. Iglou promit d'y employer
toute son adresse. Ce projet nous rendit
plus tranquilles. Mais il nous fut aisé de
remarquer dès le même jour, que les
Sauvages avoient quelque défiance de
notre dessein, & qu'ils nous observoient.
Nous apprîmes d'Iglou, quelque tems
après, qu'on en avoit nommé vingt pour
veiller nuit & jour sur nos démarches,
& que sous prétexte de nous rendre service, ils demeureroient sans cesse dans la
Cabane qui touchoit à la nôtre. Cette
nouvelle causa tant de chagrin & d'impatience à Mylord, que si le petit nombre de Domestiques qui lui restoit n'eût
point été nud & sans armes, il eût pensé

à nous ouvrir un paſſage par la force.
Mais j'étois le ſeul qui eût une épée &
deux piſtolets, & je n'étois pas trop bien
pourvû de poudre. Notre malheur nous
parut preſque ſans remede, ou du moins
nous crûmes n'en pouvoir attendre que
du hazard, & de la longueur du tems.

Mylord étoit inconſolable. Outre l'ennui du ſéjour & les incommodités de notre ſituation, il faiſoit réflexion à tous
momens, que cette eſpece de captivité
le rendoit inutile aux affaires du Roi.
Rien ne l'affligeoit tant que cette penſée.
Il employa un mois tout entier à méditer
ſur notre fuite, ou à ſolliciter les Sauvages par tous les moyens qu'il crut les
plus propres à les ébranler. Iglou le ſe-
conda de tout ſon zéle. Enfin, ne voyant
nulle apparence de réuſſir, & prévoyant
bien que les difficultés ne feroient qu'augmenter à l'avenir, parce que l'habitude
de nous voir ſeroit encore un lien plus
fort pour les Abaquis, il prit un parti qui
nous étonna extrêmement. Je ſuis réſolu,
nous dit-il un jour, de vous quitter pendant quelque tems, & d'accepter l'Eſcorte des Sauvages ſous la conduite d'I-
glou. Je vous laiſſerai tous mes Domeſti-

ques. Mon abſence ne ſera point de longue durée. Si je réuſſis à la Caroline, je
me metterai facilement en état de revenir
aſſez fort pour vous tirer de cette priſon :
ſi mes entrepriſes ne tournent point heureuſement, vous me reverrez bien-tôt ici
pour la partager avec vous. Après tout,
continua-t'il, je ne vois nul danger pour
vous pendant mon éloignement. C'eſt
par affection que ces Barbares vous re-
tiennent. Ils ſont d'un caractere fort humain. Je vais vous les attacher encore
plus, en leur offrant volontairement ce
qu'ils ont demandé, & en leur faiſant
valoir cette preuve de mon eſtime & de
ma confiance. Conduiſez-vous doucement avec eux; entrez dans leurs manieres & dans leurs uſages : ils continueront
de vous reſpecter, comme ils ont fait juſqu'aujourd'hui. Et plus j'y penſe, ajouta-t'il, plus je trouve dequoi me conſoler
de la néceſſité où je ſuis de vous laiſſer
ici ſans moi : vous y ſerez plus en ſûreté
que ſi vous me ſuiviez dans la nouvelle
expedition que je vais entreprendre.

　Je n'avois rien à oppoſer au raiſonne-
ment de Mylord pour ce qui concernoit
Fanny; car j'étois perſuadé par la con-

noiſſance que j'acquerois de plus en plus
de l'humeur des Sauvages, qu'il n'y
avoit rien à appréhender parmi eux, &
je concevois bien qu'à la réſerve de certaines incommodités, elle auroit moins à
ſouffrir chez les Abaquis, que dans un
voyage difficile & plein de dangers. Mais
je me trouvois partagé entre Mylord,
que j'aurois voulu ſuivre, & mon Épouſe
que je ne pouvois abandonner. Vous
verrai-je partir, dis-je à ce cher Seigneur,
ſans ſçavoir ce que j'ai à eſperer pour le
ſuccès de vos deſſeins, ni même pour la
ſûreté de votre vie ? Vous allez vous ex-
poſer à mille dangers, que je ne parta-
gerai pas. Nous ne ſerons pas même in-
formés des lieux où la Fortune va vous
conduire. Quelle vie allons-nous mener,
dans les allarmes où nous ſerons continuellement ? Et ſans patler de mes propres peines, comment voulez-vous que
Fanny ſe conſole de votre abſence ? Il
me répondit, que nous l'aurions preſent
ſans ceſſe, elle dans moi, & moi dans
elle ; que nous faiſions tous deux la meilleure partie de lui-même, & que nous
ne devions point douter par conſéquent
qu'il ne nous ramenât l'autre auſſi promp-

tement qu'il lui feroit poffible, pour la
rejoindre à celle qu'il laiffoit après lui.
Les pleurs de Fanny n'eurent pas plus
de force que mes objections pour l'arrêter. Il nous ordonna même abfolument
de ne rien oppofer davantage à fa réfolution, & il chargea Iglou prefqu'auffi-tôt
de demander l'Efcorte aux Sauvages.

Sa demande, & la promeffe de nous
laiffer dans l'Habitation, furent reçues
de ces Barbares avec une joye incroyable. Ils laifferent à Mylord le choix des
Sujets & du nombre. Cent hommes lui
parurent fuffire. Il fe repofa fur Iglou du
foin de les choifir, & ne voulant plus
d'autre délai que celui qui étoit néceffaire
à fes gens pour préparer leurs armes &
leurs provifions, il ne tarda point à partir auffi-tôt que cela fut executé. Ce ne
fut qu'avec les plus preffantes inftances,
que nous l'engageâmes à prendre avec lui
la moitié du moins de fes Domeftiques.
Il nous laiffa Youngfter, en qui il avoit
beaucoup de confiance, avec deux autres Anglois qui l'avoient fuivi depuis
Rouen. Ses adieux, & la maniere tou-
chante dont il pria ces braves gens de
veiller à notre fûreté, nous penetrerent
jufqu'au

jusqu'au fond du cœur. Je ne recommandai pas avec moins d'ardeur à Iglou la
vie & les interêts de mon cher Pere &
de mon cher Seigneur. Nous le vîmes
partir. Hélas ! que ne me fût-il permis
de le suivre ! j'aurois répandu tout mon
sang pour le défendre. J'aurois attiré
sur moi seul tous les malheurs qui le me-
naçoient. Il ne m'en eût coûté que la
vie , & ç'eût été la plus legere de toutes
les pertes que j'étois destiné à souffrir.

Cependant , je demeurois chargé d'un
précieux dépôt , qui devoit me la rendre
chere. Fanny , dis-je à mon Epouse ,
lorque je me trouvai seul avec elle &
Madame Riding , c'est à present que nous
allons éprouver si l'Amour suffit pour
rendre deux cœurs tranquilles & heureux. Nous n'avons plus d'autre ressource. Madame Riding aura les consolations
de l'Amitié , & nous , celles de l'Amour.
Elle me répondit par un mouvement
comme involontaire. Ah ! si j'étois du
moins bien assûrée que vous m'aimez !
Elle n'ajouta rien , & je remarquai que
Madame Riding lui avoit fait signe des
yeux de ne pas s'expliquer davantage.
Je me contentai sur le champ de repartir

avec ma tendreſſe ordinaire, qu'elle ne
devoit pas ſe plaindre de ſon ſort, ſi elle
pouvoit être heureuſe par la poſſeſſion
d'un bien dont elle avoit une ſi parfaite
aſſurance. Mais, quelqu'éloigné que je
fuſſe de ſoupçonner le moindre myſtere
dans ſon expreſſion, je ne laiſſai point
d'interroger en particulier Madame Riding, & de lui demander ſi elle com-
prenoit quelque choſe aux doutes de
Fanny. Cette Dame s'efforça d'écarter
mon inquiétude par une réponſe flateuſe ;
ce qui ne m'empêcha point de trouver
dans ſon air & dans le tour de ſes paroles une apparence de contrainte qui
eût été capable de m'allarmer, ſi j'euſſe
eû l'eſprit tourné naturellement aux
ſoupçons. Mais n'en pouvant former de
raiſonnables, je ne témoignai point d'empreſſement pour être mieux éclairci.

Je remarque ainſi, à chaque occaſion,
les ſeules lumieres que j'aye jamais eues
ſur un des plus terribles évenemens de
ma vie. Fanny étoit tendre & fidelle :
mais avec ces qualités qui la rendoient
capable d'une grande paſſion, il lui en
manquoit une eſſentielle pour être heureuſe du côté de l'Amour. Mon bonheur

étoit attaché au fien. Ainfi nous étions
deftinés tous deux , elle à me rendre malheureux fans le vouloir , & moi à l'être
fans le mériter.

L'affection des Sauvages devint fi
vive lorfqu'ils fe crurent affurés que c'é-
toit volontairement que nous confen-
tions à demeurer avec eux , qu'ils ne s'oc-
cuperent qu'à nous en donner des preuves continuelles. Leur premier foin fut
d'apporter à l'envi dans notre Cabane
tout ce qui pouvoit fervir à l'embellir.
Nos murs , & le pavé même de nos cham-
bres furent couverts de peaux. Comme
l'ardeur du Soleil paroiffoit nous incom-
moder , ils transplanterent quelques arbres d'une groffeur confiderable, dont ils
environnerent notre maifon pour nous
fournir de l'ombrage ; & voyant que
nous n'étions point difpofés à fuivre leur
façon de fe vêtir , ou plutôt à nous tenir
prefque nuds comme eux , ils nous firent
prefent d'un grand nombre de peaux ,
les plus belles du monde , dont nous nous
compofàmes des habits fort commodes.
Rem , Sœur d'Iglou , étoit fans ceffe
auprès de mon Epoufe. Son Frere lui
avoit recommandé à fon départ de ne pas

s'en écarter un moment. Elle avoit la pénétration vive & la mémoire facile, de-
forte qu'elle apprit en peu de tems affez
d'Anglois pour nous entendre. Je me fis
auffi une occupation d'apprendre la Langue des Abaquis, & j'y réuffis plus
promptement que je ne l'avois efperé.
Cette connoiffance fut un nouveau lien
qui nous attacha encore plus les Sauvages. Je n'eus pas plutôt commencé à
m'expliquer avec un peu de facilité dans
leur Langue, que j'eus peine dans la fuite
à me procurer un moment de folitude &
de liberté. Ils s'empreffoient à toutes les
heures du jour de me venir voir, & de
m'entretenir. Leur étonnement paroiffoit
extrême, lorfqu'ils entendoient fortir de
ma bouche quelque chofe qui s'accordoit
avec leurs idées, ou qui leur en faifoit
naître de nouvelles. Ils fe regardoient les
uns les autres avec admiration. Je leur
donnai quelques confeils, dont ils fe trouverent fi bien, qu'ils s'accoutumerent peu
à peu à ne rien entreprendre fans me con-
fulter. J'étois de toutes leurs Affemblées ;
& quelque peu de goût que j'euffe pour
leurs divertiffemens, il falloit en être
auffi : on m'y faifoit toujours prendre

la remiere place. Enfin, je reconnus aisément que mon crédit ne seroit qu'au-
genter sans cesse, avec ma facilité à
m'exprimer, & qu'il ne me seroit pas
même difficile de parvenir, comme Iglou
m'l'avoit prédit, à les regler & à les
gouverner.

C'étoit un avantage qui ne piquoit
point assurement mon ambition. Cependant, deux mois s'étant déja écoulés depuis le départ de Mylord, & l'inquiétude que j'avois de ne point recevoir de
ses nouvelles, ne me permettant point
de vivre tranquille, je résolus de mettre
la disposition des Abaquis à l'épreuve. Je
communiquai à Fanny cette résolution
& mes motifs. Elle en approuva un, qui
étoit l'envie d'acquerir assez d'empire sur
les Sauvages pour leur faire entreprendre tout ce qui me paroîtroit convenir
aux interêts de Mylord, ou du moins
ce qui étoit nécessaire pour nous éclaircir du sort de son voyage. Pour le second
qui venoit de ma tendresse pour cette
chere Epouse, & qui n'étoit que le dessein de m'assurer de plus en plus contre
l'inconstance des Sauvages, elle eût souhaité, me dit-elle, que j'eusse pris une

voye propre feulement à les foutenir
dans les fentimens qu'ils avoient eus pour
nous jufqu'alors, mais qui n'eût point été
capable de nous les attacher davantage.
Sa réflexion étoit fort jufte ; car à juger
de l'avenir par ce qui nous étoit arrivé,
nous devions nous attendre qu'il ne nous
feroit jamais facile de fortir de leurs
mains, & les difficultés ne pouvoient
manquer de croître à mefure que leur
attachement augmenteroit. Je répondis
néanmoins à Fanny, que des craintes
éloignées ne devoient point l'emporter
fur l'utilité prefente, dont mon autorité
feroit infailliblement pour Mylord; qu'en
devenant, s'il étoit poffible, le principal
Chef des Abaquis, j'allois me mettre en
état de rendre fervice, non-feulement
à fon Pere, mais peut-être même au Roi
Charles ; que cette Nation étoit nombreufe & réfolue ; que fi je réuffiffois à la
rendre capable de difcipline, je ne dou-
tois point que je n'en puffe former un
Corps confiderable, & me faire craindre peut-être en Amerique en me met-
tant à leur tête ; qu'il étoit sûr du moins
que nous n'avions point à choifir d'autre
voye pour découvrir ce que Mylord

étoit devenu, & pour nous employer utilement à son secours.

Outre l'amour & la confiance qui ne me permettoient point de rien déguiser à Fanny, j'avois une forte raison de lui faire sçavoir mes desseins. Je m'étois apperçû qu'un Sauvage des plus accrédités de la Nation, & dont le suffrage emportoit ordinairement la balance dans toutes les déliberations publiques, s'apprivoisoit extrêmement autour d'elle. On croira sans peine que ce n'étoit point la jalousie qui m'avoit rendu si clairvoyant : mais j'étois persuadé que si ce bon Abaqui, qui se nommoit *Moou*, entreprenoit d'inspirer aux autres de me choisir pour leur Chef, il obtiendroit leur consentement sans opposition. J'avois déja sondé le vieil Iglou qui étoit aussi fort consideré dans la Nation, & je lui avois trouvé un dévouement sans réserve à mes interêts. Je priai donc Fanny de faire entendre adroitement à Moou, de quelle importance il étoit pour le bien des Abaquis de profiter de toutes les lumieres que j'avois apportées de l'Europe. Elle exécuta si bien cette commission, que Moou entra tout d'un coup dans toutes

L iiij

nos vûes, & ne se donna point un moment de repos jusqu'à ce qu'il eût inspiré
les mêmes sentimens à ses Compagnons.
Il rendit compte du succès de ses soins à
mon Epouse ; & pour se faire appparem-
ment un mérite de son zéle, il parut
deux jours après à notre porte, sans
nous avoir averti de son dessein, accompagné de la plus grande partie des Habitans, qui prononçoient mon nom avec
de grands cris, & qui me prierent par
sa bouche de me charger du Gouvernement de la Nation. J'affectai de marquer
quelque incertitude à cette proposition.
Elle servit à redoubler l'ardeur des Sauvages. Ils la porterent si loin, qu'ils eussent employé infailliblement la contrainte, si je n'eusse élevé la voix pour leur
faire connoître que j'acceptois leurs offres. J'ajoutai néanmoins, que j'y mettois une condition. Comme je m'engage-
rai, leur dis-je, à ne rien épargner pour
le bien public & pour rendre la Nation
heureuse & florissante, il me paroît juste
qu'on s'engage aussi par un serment solemnel à me respecter & à m'obéir. On
ne me répondit que par des acclamations,
qui marquoient le consentement. Je pro-

mis alors sans réserve, d'employer toutes
mes lumieres & tous mes soins à l'établissement d'un Gouvernement sage, qui
distingueroit bien-tôt les Abaquis de tous
les autres Peuples de l'Amerique. J'indi-
quai l'Assemblée générale au lendemain,
& congédiant la multitude, je priai les
principaux Chefs d'entrer dans ma Cabane, pour conferer sur quelques articles qui concernoient nos interêts com-
muns.

En acceptant, leur dis-je, l'autorité
que vous m'offrez, j'entens qu'elle soit
absolue. Je n'exigerai jamais rien, ajoutai-je, dont je ne vous fasse connoître la
justice : mais il faut que mes reglemens
soient suivis avec exactitude. Je leur demandai là-dessus quelle étoit la forme de
leurs sermens, & par quels liens je pourrois compter de les retenir dans l'obéissance. ils me dirent que le Soleil étant leur
toute-puissante & redoutable Divinité,
je ne devois pas craindre qu'ils fussent jamais tentés de se parjurer après l'avoir at-
testé ; qu'ils appréhenderoient trop le
sort de quelques-uns de leurs Peres, que
le Soleil avoit puni avec une extrême
rigueur pour avoir violé leurs sermens,

Ils me raconterent enfuite diverfes Hi-
ftoires pleines d'abfurdités & de contra-
dictions, telles que l'impofture les in-
vente, & que la fuperftition les fait croire
dans toutes les fauffes Religions. Il n'é-
toit pas queftion de les détromper. Au
contraire, je crus pouvoir tirer d'abord
des avantages confiderables de leur fim-
plicité & de leur erreur, remettant à
leur faire prendre dans la fuite des idées
plus juftes de ce qu'ils devoient craindre
& adorer.

Une précaution que je pris encore,
fut de leur demander s'ils avoient parmi
leurs voifins quelque Peuple auffi docile
& auffi humain qu'eux, qu'on eût pû
inviter à s'unir fous mon Gouvernement
à la Nation des Abaquis, pour compofer ainfi un Etat plus nombreux, & plus
propre par conféquent à recevoir une
forme folide & durable. J'étois déja informé que le nombre des Abaquis ne paf-
foit pas fix mille, en y comptant même
plufieurs petites habitations qui étoient
liées d'amitié avec eux, & qui n'étoient
pas fituées à une longue diftance du
Bourg principal où nous étions. Ils me
répondirent qu'ils n'avoient point d'au-

tres voisins que les *Rouintons* ; que loin
de pouvoir s'unir ou lier quelque commerce avec eux, c'étoit un Peuple si féroce & si cruel, qu'il ne falloit en attendre que des hostilités & des insultes ;
qu'ils étoient de tout tems ennemis décla-
rés des Abaquis, par cette seule raison,
que l'humanité & la barbarie ne peuvent
s'accorder ; qu'il se passoit peu d'années
sans quelque combat sanglant, qui affoi-
blissoit l'une ou l'autre Nation, que les
derniers avantages ayant été remportés
par les Abaquis, leurs cruels ennemis
avoient essuyé des pertes si considéra-
bles, qu'il n'y avoit pas d'apparence
qu'ils pussent se remettre de long-tems ;
mais que ceux qui étoient échappés au
carnage, ne respirant que la vengeance,
attendoient sans doute impatiemment que
leurs forces fussent rétablies pour recommencer la Guerre.

Cette réponse me donna occasion de
demander à mes Abaquis, comment il
se pouvoit faire que leur Nation fût si
peu nombreuse, aussi bien que la plûpart de celles qui habitent cette vaste
partie du Continent de l'Amerique. C'é-
toit une remarque que j'avois déjà faite

plusieurs fois avec étonnement ; car j'a-
vois peine à concevoir qu'un Peuple
sain & vigoureux, qui habitoit depuis
long-tems une Vallée dont l'air & les
fruits étoient excellens, se fût si peu
multipliée qu'on y pût compter à peine
cinq ou six mille personnes. Ils me sa-
tisfirent par deux raisons. L'une étoit la
guerre presque continuelle qu'ils entretenoient avec leurs voisins, & qui ne fi-
nissoit ordinairement que par l'extinc-
tion presque entiere de l'une des deux
Nations. Il falloit quelquefois plus d'un
demi siecle aux vaincus, pour reparer
leurs pertes. J'ai appris dans la suite,
qu'il en est de même à peu près de tous
les autres Peuples de l'Amerique. Les
Abaquis me répondirent en second lieu,
que c'étoit une espece de loi parmi eux
de ne pas s'étendre au-delà des bornes
de leur Vallée, parce que tous les environs étoient sablonneux & steriles ; de
sorte que s'il arrivoit que leur Jeunesse
devînt trop nombreuse & que la Nation se multipliât excessivement, ils se
déchargeoient de tous ceux qui leur
étoient incommodes, en les envoyant
chercher au loin quelque nouvelle Con-

trée, propre à former une autre Habitation.

J'employai ainsi une partie du jour à tirer de ces bons Sauvages tous les éclaircissemens qui pouvoient être utiles à l'Emploi que j'avois accepté. Je les interessai même particulierement au soutien de mes entreprises, en leur promettant de les consulter souvent comme j'avois fait ce jour-là, & de leur marquer dans toutes les occasions mon estime & ma confiance. Je distinguai surtout Moou & le vieux Iglou. Ce fut à eux que je donnai le soin de regler la cérémonie du lendemain. Iglou avoit le sens fort droit, & j'avois remarqué plusieurs fois qu'il étoit capable de réflexion, ce qui n'est pas ordinaire parmi les Sauvages. D'ailleurs, l'attachement que son Fils avoit pour moi, & la priere qu'il lui avoit faite en partant de veiller à mes interêts, le rendoit extrêmement zelé pour mon service. Je résolus de le tenir sans cesse auprès de moi, & de lui laisser, comme à une espece de premier Ministre, le soin de quantité de choses que je ne pourrois point executer moi-même. Pour Moou, qui étoit d'un ca-

ractere moins paisible & moins judicieux,
je me proposai de l'employer d'une autre maniere, qui seroit conforme à ses
inclinations. Je lui devois quelque distinction, non seulement pour le bon office qu'il m'avoit rendu , mais encore
parce qu'il étoit assez consideré & assez
entreprenant pour se faire craindre si je
l'eusse negligé, & pour me rendre des
services considerables , si je pouvois lui
faire prendre un certain attachement
pour ma personne.

Ayant passé le reste du tems à méditer seul sur l'ordre que je voulois établir dans la Nation ; je me rendis le lendemain au lieu de l'Assemblée , qui étoit
une vaste Prairie à quelque distance de
l'Habitation. J'étois accompagné des
principaux Sauvages. J'admirai en al-
lant , l'inclination qu'ont tous les hommes à flatter ce qu'ils regardent comme
supérieur à eux. Ce n'étoit point à des
vûes d'interêt ou d'ambition que je devois attribuer l'empressement des Sauvages de s'approcher de moi , & les efforts
qu'ils faisoient pour me plaire. Ne connoissant point les honneurs & les richesses,
ils n'en avoient ni l'esperance ni le desir.

C'étoit donc dans ces Barbares un mouvement naturel, causé par cette seule idée,
qu'ils alloient me voir élevé au-dessus
d'eux, & dans un degré de Grandeur qu'ils
commençoient à craindre & à respecter,
quoiqu'il fût leur ouvrage. Je m'attache
avec complaisance à cette réflexion, parce
que je trouve dans ce penchant des hommes à la soumission & à la dépendance,
un caractere marqué de la puissance d'un
Souverain Etre qui les a fait tels qu'ils
font, & qui les avertit par là, non-seu-
lement qu'ils ont un Auteur & un Maître,
mais encore, que c'est vers lui qu'ils
doivent diriger leurs premiers respects &
leurs principales adorations.

L'Assemblée des Sauvages, qui m'attendoit avec impatience, éleva des cris
jusqu'au Ciel en me voyant paroître.
Moou & le vieux Iglou avoient mis de
l'ordre dans les rangs. Ils m'avoient préparé une place, où je pouvois être apperçû de tout le monde. J'avois con-
senti en partant de chez moi, à me
laisser couvrir la tête de plumes. Je por-
tois l'Arc sur l'épaule, & le Carquois
au côté, & comme je devois être vû
pour la premiere fois d'un grand nom-

bre d'Abaquis, & d'autres petits Peuples
qui ne faisoient, comme j'ai dit, qu'un
même corps avec eux, & qui étoient
venus aussi de leurs Habitations pour la
cérémonie du Serment ; je m'efforçai de
prendre un air propre à leur inspirer
l'opinion que je voulois qu'ils eussent
de moi. Les cris cesserent aussi-tôt que
j'eus fait entendre par quelques signes
que j'avois dessein de parler. Ma Harangue étoit meditée, & dans le goût
qu'il falloit pour leur plaire. J'exposai
la proposition qu'on m'avoit faite de me
charger du soin de les gouverner. Je fis
valoir la difficulté que j'avois eûe à y
consentir, & les instances pressantes par
lesquelles on m'y avoit déterminé. Ce
n'étoit point répugnance, leur dis-je,
qui m'avoit rendu si difficile à vaincre ;
je souhaitois sincerement leur bien ; je
voulois les rendre heureux, paisibles,
les faire craindre & respecter des Rouintons leurs ennemis : mais j'appréhendois
qu'étant accoutumés à ne dépendre de
personne, ils ne se portassent point volontiers à l'obéissance : je ne pouvois
me résoudre à accepter l'autorité qu'ils
m'offroient, s'ils ne juroient par le Soleil

leil d'executer mes volontés ; & je craignois de les exposer à des punitions
cruelles, s'ils devenoient parjures. Je
rapportai là-dessus tous les exemples fa-
buleux qu'on m'avoit appris des terribles effets de la colere du Soleil. J'en
ajoutai d'autres avec des circonstances
capables de les effrayer ; & je donnai
toute la force qu'il me fut possible au
ton de ma voix, à mes gestes & à mes
regards. Mon principal dessein étoit de
leur faire regarder le serment qu'ils alloient faire, comme une cérémonie redoutable. Je n'avois point d'autre lien
pour m'assurer d'eux, & j'étois persuadé par ce qu'on m'avoit dit la veille,
que c'étoit le seul moyen de les rendre
capables de discipline. Je conclus donc
en leur demandant s'ils étoient disposés
à jurer de m'obéir, c'est-à-dire à s'exposer aux plus affreux châtimens s'il leur
arrivoit de manquer de respect pour mes
ordres.

Je m'étois exprimé avec tant de force
sur l'article des punitions qu'ils avoient
à craindre, que j'appréhendai en finis-
sant mon discours que l'impression n'en
fût trop vive, & qu'elle ne refroidît un

peu leur ardeur. Toute l'Assemblée demeura quelque tems en silence, comme si elle eût été suspendue entre le desir & la frayeur. Cependant, ayant renouvellé ma demande d'un ton beaucoup plus doux, ils reprirent courage, & ils me témoignerent par leurs cris, qu'ils brûloient d'envie de me voir leur Chef & leur Gouverneur.

Je fis signe alors à Iglou & aux principaux de commencer la cérémonie. Je m'attendois de leur voir dresser quelque Autel, & accompagner leur serment de quelques pratiques idolâtres & superstitieuses; mais je remarquai avec joye, que rien n'étoit plus simple que le culte qu'ils rendoient au Soleil. Ils n'avoient ni Prêtres, ni appareil de Religion. Tout consistoit à le reconnoître pour leur Divinité, & chacun étoit libre de l'honorer à sa maniere, sans s'assujetir à aucune methode, & sans s'assembler même jamais pour cela. Je compris qu'ils n'auroient par conséquent nulle formule particuliere de serment; & pour mettre quelque uniformité dans ce qu'ils alloient faire, je dictai en peu de mots à Iglou ce que je souhaitois de leur en-

tendre prononcer l'un après l'autre. Les
principaux s'approcherent de moi, &
répétoient docilement les mêmes paroles après Iglou. Tous les autres vinrent
tour à tour sans bruit & sans confusion.
J'admirai leur modestie, & je ne pus
l'expliquer que comme une marque de
leur respect & de leur vénération pour
le Soleil. La cérémonie dura pendant
la plus grande partie du jour, avec le
même ordre & le même silence. Je jugeai plus avantageusement que jamais
du caractere d'un Peuple si religieux, &
je ne doutai point que je ne puse réussir à le civiliser & à le gouverner heureusement.

Ce qui me persuada eucore plus que
leur retenue pendant la cérémonie venoit d'un fond réel de religion, fut le
bruit qui succeda à leur silence aussi-tôt
qu'elle fut achevée. Il me seroit difficile d'exprimer leurs transports & les
marques de leur joye. Je ne pus trouver un moment pour recommencer à
leur parler, comme je me l'étois proposé.
Je fus reconduit à l'Habitation avec
tant de tumulte & des témoignages si
extraordinaires d'affection, que le pre-

mier usage que je fus obligé de faire de
mon autorité fut pour les faire finir. Je
me renfermai dans ma Cabane avec ma
famille, à qui la longueur de mon ab-
sence avoit causé de l'inquiétude, &
j'exigeai de mes nouveaux Sujets qu'ils
me laissassent prendre un peu de repos.

Youngster me conseilla, pour achever d'établir mon pouvoir, de choisir
avec la direction d'Iglou un certain nombre de Sauvages sûrs & fideles, qui me
servissent comme de garde, & qui fussent employés à faire executer mes volontés. Je n'approuvai point ce conseil.
Je n'ai eu que deux buts, lui dis-je,
en acceptant le Gouvernement. Le premier est de me rendre utile à Mylord,
& s'il est possible aux affaires du Roi.
Je ne vois point que des Gardes pussent me rendre ce premier but plus facile. L'autre est de m'employer, autant
que le premier me le permettra, à civiliser ces pauvres Sauvages, à les tirer
des ténébres de l'idolâtrie, & à leur
faire goûter quelques idées de morale
& de discipline ; je n'apperçois point
encore comment des Gardes pourroient
servir à ce projet. En un mot, dis-je à

Youniter, je ne prétens point ici à l'empire, & encore bien moins à la tyrannie. Si le Ciel me condamne à demeurer plus long-tems que je ne le souhaite avec les Abaquis, ce ne sera point par ma fierté & ma rigueur que je leur ferai sentir mon autorité. Je m'efforcerai au contraire de contribuer à leur bonheur & à leur repos. Mais si j'ai besoin de votre conseil sur quelque chose, ajoutai-je, c'est sur les moyens de rendre incessamment service à Mylord, & de nous assurer en premier lieu de ce qu'il est devenu. Prenons là dessus de justes mesures, avant que de rien exiger des Sauvages.

Nous raisonnâmes long-tems sur cette importante matiere. Madame Riding & mon Epouse, qui étoient de notre entretien, me communiquerent aussi leurs pensées. Youngster s'offroit à entreprendre le voyage de la Caroline. Mais il ignoroit absolument le chemin. Il n'y avoit point d'apparence qu'il le pût trouver sans guide. Je m'étois déjà informé avec soin, s'il y avoit quelqu'un dans l'Habitation qui en fût mieux instruit. Les Abaquis ne s'éloignoient guéres de

leur Vallée, & les longs voyages de
mon Esclave Iglou, étoient regardés
comme une chose sans exemple parmi
eux. Il sembloit donc qu'il n'y eût qu'un
miracle du Ciel qui pût nous faire sortir
d'embarras. J'avois quelque connoissance dans l'Astronomie, & j'en pouvois
tirer quelque secours pour reconnoître
notre situation à l'égard de la Caroline;
mais la pratique de ces regles est toujours difficile & incertaine. Les propor-
tions d'éloignement entre les corps cé-
lestes & les cercles & les lignes qui y
répondent sur la terre, ne peuvent être
connues que d'une maniere fort générale : & dans des lieux aussi vastes &
aussi deserts que les campagnes de l'A-
merique, la moindre erreur ne pouvoit
manquer de causer un égarement considerable. Cependant ne voyant point
de voye plus sûre, je résolus enfin de
prendre cinq ou six Sauvages des plus
hardis, de les flatter par toutes les esperances qui pouvoient les animer, &
de les envoyer vers la Mer, au risque
de tout ce qui pouvoit leur arriver.
Voici quel étoit mon raisonnement.
Quoiqu'il ne fût point naturel d'espe-

rer qu'ils allassent directement à la Caroline, il pouvoit arriver qu'un heureux hazard les y conduisît. Mais en supposant qu'ils s'écartassent autant que je le pouvois craindre, je ne concevois pas qu'en avançant toujours vers la mer suivant les directions que je voulois leur donner, ils pussent manquer du moins d'arriver, ou dans la Virginie s'ils s'écartoient trop à gauche, ou dans la presqu'Isle de Tegeste s'ils prenoient trop sur la droite. Or dans l'une ou l'autre de ces deux contrées, ils devoient trouver infailliblement quelque Colonie de l'Europe. J'avois dessein de leur confier une lettre, écrite en trois Langues differentes, c'est-à-dire en Anglois, en François, & en Espagnol, ces trois Nations étant les seules qui ayent des Etablissemens sur cette côte d'immense étendue. Ma lettre devoit contenir une priere honnête par laquelle j'interesserois ceux à qui elle seroit presentée, à traiter favorablement mes Envoyés, & à m'instruire par un mot de réponse de ce qu'ils pourroient avoir appris touchant la personne de Mylord, & le succès de son entreprise. Ce plan me parut d'autant plus

poſſible, qu'il ne me ſembloit pas que
depuis la Vallée des Abaquis juſqu'à la
Mer, il dût y avoir beaucoup plus de
cent lieues. J'en jugeois par l'eſpace que
j'avois traverſé depuis Riſwey juſqu'à
Powhatan, & depuis cette derniere Ville
juſqu'au lieu où nous étions.

Youngſter, qui avoit un extrême attachement pour Mylord, inſiſtoit à vouloir accompagner les ſix Sauvages. Mais
ne voyant point qu'il pût ſervir à faire
réuſſir plus heureuſement leur commiſ-
ſion, & preſſentant qu'il naîtroit des
occaſions où ſon ſecours ſeroit neceſſai-
re à Fanny, j'exigeai abſolument qu'il
demeurât auprès d'elle. Auſſi-tôt que je
fus fixé à cette réſolution, je fis appeller Iglou, à qui j'ordonnai de me choi-
ſir ſix de ſes plus braves & de ſes plus
intelligens Abaquis. Il ne tarda point à
me les amener. J'employai toute mon
adreſſe pour échauffer leur zele & leur
courage. Ils s'eſtimerent ſi honorés de
ma confiance, qu'ils me parurent diſpoſés à tout entreprendre. Je commençai dès ce jour-là à leur donner les in-
ſtructions neceſſaires pour leur route;
& comme je me défiois de leur pénétration,

tration, je les retins encore deux ou trois jours pour leur renouveller pluſieurs fois mes leçons. Ils partirent enfin avec ma lettre, & tout ce qu'ils purent porter de proviſions. Leur départ ſoulagea notre inquiétude, & nous tâchâmes par nos ardentes prieres d'intereſſer le Ciel à benir leur voyage.

La vie que nous menâmes enſuite chez les Abaquis n'auroit point été ſans agrémens, ſi nous euſſions été en état de les goûter. Mais mon Epouſe, toujours livrée à une triſteſſe ſecrete, ne paroiſſoit ſenſible à rien de tout ce qui pouvoit ſervir à la diminuer. Je ne pouvois être tranquille, en la voyant ſi abattue. Je l'ai déjà dit, je ne me déſiois point de ſon amour. Son cœur étoit plein de moi. Il n'y a point d'artifice qui puiſſe tromper un Epoux tendre & paſſionné. J'étois ſans ceſſe auprès d'elle, & la moindre froideur auroit-elle pû échaper à un amour auſſi vigilant que le mien? Non, elle m'adoroit ; & c'étoit le ſujet de mon deſeſpoir, qu'avec tant de tendreſſe elle parut encore deſirer quelque choſe dont la privation l'affligeoit mortellement. L'inutilité de tant d'efforts

que j'avois faits pour tirer d'elle l'aveu
de ses peines, me portoit bien à croire
qu'il y entroit un peu de temperament,
ou peut-être un peu trop de sensibilité
pour notre malheureuse fortune : mais
je ne pouvois néanmoins m'empêcher
d'appercevoir fort souvent des marques
qui me faisoient entendre autre chose. Si
je lui faisois un reproche tendre de sa
mélancolie, si je m'efforçois de la dissiper par des protestations d'amour & par
un redoublement de caresses, j'avois
presque toujours le chagrin de lui voir
répandre quelques larmes. Elle paroissoit d'abord s'attendrir en me regardant,
& ses yeux demeuroient ensuite attachés sur moi avec un air de curiosité
& d'inquiétude, comme si elle eût cherché à découvrir dans les miens quelque
chose qu'elle souhaitoit & qu'elle n'ap-
percevoit point. La crainte de lui dé-
plaire m'empêchoit de l'interroger d'u-
ne maniere trop pressante : mais sa peine
n'en passoit pas moins jusqu'au fond de
mon cœur ; & j'étois d'autant plus à
plaindre, que n'en connoissant point la
cause ni même la nature, je ne pouvois donner d'explication ni de bornes à
la mienne.

J'esperai que les soins que j'allois prendre pour le Gouvernement des Sauvages, & ausquels je la priai de joindre les siens, pourroient contribuer à la mettre dans une situation plus tranquille. Je me charge, lui dis-je, de régler tout ce qui a rapport aux hommes, & votre occupation, avec Madame Riding, sera de mettre l'ordre qui vous paroîtra le plus convenable parmi leurs femmes. Elle consentit à s'occuper de cet emploi. Je lui en laissai effectivement la disposition absoluë; & je fis avertir toute la Nation par un cri public, que c'étoit à elle que toutes les femmes devoient obéir, comme a leur Maîtresse & à leur Gouvernante.

Pour moi, je crus devoir commencer l'exécution du plan que j'avois formé, par l'établissement de la sûreté publique. Cet article n'étoit pas moins important pour nous, que pour les Abaquis. J'avois une terrible idée des Rouintons, sur le récit qu'on me faisoit tous les jours de leur cruauté. Ces Sauvages inhumains n'étoient éloignés de nous que de dix lieues. L'envie de nous attaquer pouvoit les prendre à tous momens. Je pen-

fai d'abord à nous mettre du moins en
état de ne pas appréhender leurs furprifes. Je fis creufer autour de l'Habitation
un foffé de quinze pieds de profondeur.
J'obligeai tous les Sauvages d'y travail-
ler, fans en excepter les femmes, & je
mis la main moi-même au travail, pour
les exciter. Cet ouvrage, auquel environ
fix mille perfonnes s'employoient continuellement, fut achevé en moins de
quinze jours. Nous nous trouvâmes ainfi
environnés d'eau de toutes parts. Je ne
laiffai pas même de chemin de communication ; mais je fis placer d'efpace en efpace des Ponts mobiles, & je chargeai
quelques Sauvages du foin de les retirer
tous les jours à l'entrée de la nuit. Toute la Nation parut extrêmement fatisfaite
de cette invention. Rien ne marque mieux
la ftupidité des Sauvages de l'Amerique,
que de voir qu'ils manquent d'induftrie,
même pour leur confervation, quoique
que la Nature feule dût fuffire pour leur
en infpirer. Ils ne l'emportent gueres en
cela fur les bêtes ; c'eft-à-dire, que toute
leur méthode dans la Guerre confifte à fe
jetter impetueufement les uns fur les autres, & à fe battre avec furie, jufqu'à

ce que le plus maltraité ou le plus fatigué foit contraint de ceder & de prendre la fuite.

Avant que de rien entreprendre pour le bien des Abaquis, j'avois médité long-tems fur les changemens exterieurs qu'il me fembloit d'abord à propos de mettre dans leur forme de vie, & dans leur maniere de fe vêtir. C'eft quelque chofe de fi choquant pour un Européen, que de les voir nuds, hommes & femmes, prefque fans aucun égard pour la pudeur, que j'avois réfolu fans déliberer, de les obliger à fe couvrir le corps ; & j'y voyois peu de difficulté, non feulement parce qu'ils étoient pourvûs d'une multitude incroyable de peaux de Tigres, de Léopards, & d'autres animaux qu'ils tuoient à la chaffe, mais parce qu'ils étoient accoutumés à s'en revêtir pendant l'Hyver, & qu'il n'étoit queftion que de leur faire conferver cet ufage pendant l'Eté. Cependant, lorfque je vins à réfléchir plus particulierement fur ce deffein, je fus porté par d'autres raifons à changer de fentiment. Le motif de la pudeur, qui étoit le feul que j'euffe de fouhaiter qu'ils fuffent couverts, ne me

parut pas auſſi fort que les inconveniens
inévitables qui ſuivroient bien-tôt de l'é-
tabliſſement des habits. A le bien prendre,
la honte d'être nud, n'eſt point un ſentiment naturel. C'eſt un préjugé de l'éducation, & un ſimple effet de l'habitude.
J'en avois une preuve certaine & préſen-
te dans mes Sauvages mêmes, qui ne rou-
giſſoient point de leur nudité, & qui regardoient cet uſage comme une choſe
indifférente. Pourquoi leur faire perdre
cette innocente ſimplicité, dans laquelle
ils étoient accoutumés de vivre ? Au
contraire, il me parut qu'ils ſuivoient
bien plûtôt en cela l'inſpiration droite
de la Nature. Elle les avertiſſoit par la
rigueur du froid, qu'il étoit néceſſaire
qu'ils ſe couvriſſent en Hyver ; & la
chaleur leur faiſoit regarder leurs vêtemens en Eté comme des choſes ſuperflues
& incommodes. Si je les oblige, diſois-je,
à ſe vêtir dans toutes les ſaiſons, ils ſen-
tiront bien-tôt que c'eſt par une autre
vûe que celle de ſatisfaire aux beſoins naturels; ils regarderont leurs habits comme
des ornemens; ils ſe piqueront peu à peu
de propreté & de goût dans leur parure ;
ils en viendront aux recherches curieu-

ses, aux affectations, aux modes, & à tous les effets ridicules de la vanité & de l'amour propre, dont on voit tant de miserables exemples en Europe. Je veux qu'ils ne reçoivent de moi que ce qui peut leur être utile ; & je croirois leur rendre un fort mauvais office en les faisant sortir d'une grossiereté innocente, pour leur ouvrir le chemin qui conduit au luxe & à la mollesse.

Je fis à peu près le même raisonnement sur ce qui concernoit leur façon de se loger & de se nourrir. Leurs viandes étoient grossieres & mal apprêtées. C'étoit la chair insipide de tous les animaux qu'ils tuoient dans leurs Forêts. Ils n'y mettoient nulle distinction. Leurs Campagnes ne manquoient point pourtant d'oiseaux de toute espece, ni leur riviere & leurs étangs de poissons délicats ; mais il leur étoit bien plus facile de tuer, avec leurs fléches, un Buffle ou une Chévre sauvage, qu'une Perdrix ou un Faisan, & la Nature leur apprenoit à prendre toujours les voyes les plus simples & les plus faciles. Ils étoient d'ailleurs d'une ne constitution robuste, & rien n'étoit si rare parmi eux, que les maladies de

foibleſſe & de langueur. Ainſi je crus
encore que ce ſeroit les traiter en ennemis, que d'introduire parmi eux le pernicieux uſage de nos ſauces & de nos
ragouts. Si c'eſt un malheur pour les
hommes que leurs organes s'altèrent, &
qu'ils ayent beſoin du ſecours continuel
des alimens pour les réparer ; les plus
heureux ſans doute ſont ceux qui ſe le
procurent à moins de frais & d'embarras.

Pour leurs maiſons, elles étoient commodes, ſans être belles ni régulières. On
y étoit à l'abri des injures de l'air, & le
corps trouvoit à s'y repoſer librement
dans toutes les poſtures que demandent
ſes beſoins. Que faut-il de plus à des
hommes qui ne s'attendent point à faire
un ſéjour éternel ſur la terre ? Quelle néceſſité de conſtruire des maiſons qui du-
rent plus long-tems que nous ? N'eſt-ce
pas un mal, que notre infirmité nous
oblige à vivre cachés preſque continuellement ſous un toît, & qu'elle nous
prive ainſi de la vûe du Ciel, qui eſt
le plus beau ſpectacle de la Nature ? Cependant, nous ne ſçaurions nous diſpen-
ſer de nous faire à nous-mêmes ces eſ-
pèces de priſons. Mais la raiſon ne de-

mande point que nous y mettions des
ornemens capables de nous y attacher.

Le seul changement que je résolus
donc de faire parmi les Sauvages, regardoit la Religion & le fond des mœurs.
Le premier de ces deux articles n'étoit
point une entreprise à tenter tout d'un
coup. On sçait avec quelle force les
hommes sont entraînés par les préjugés
de la Religion qu'ils ont reçue en naif-
sant. Je voulois ménager les occasions,
& faire naître quelques évenemens qui
pussent rendre les Abaquis capables de
recevoir des impressions fortes & dura-
bles. Ma pensée se développera mieux
dans la suite, par les effets. En attendant
ces heureuses conjonctures, je m'appli-
quai tout à la fois à regler la Police exterieure, & à établir dans l'interieur des
familles ces principes d'ordre & de subordination, qui font le plus ferme lien
de la societé.

Quoique les Abaquis ne fussent point
dans le même degré de grossierté & d'i-
gnorance, que plusieurs autres peuples
de l'Amerique, & qu'il leur restât
du moins quelques sentimens d'humanité
& quelque connoissance de la Loi natu-

relle, j'avois remarqué dans un grand
nombre de leurs ufages des fingularités
fi barbares, qu'elles m'avoient infpiré
autant d'horreur que de compaffion. Ils
avoient coutume, par exemple, lorfqu'il
leur naiffoit un enfant, d'examiner avec
foin s'il apportoit quelque figne d'une
mauvaife conftitution, ou s'il avoit quelque membre contrefait & mal difpofé.
Ceux qui avoient ainfi quelque défaut
naturel, étoient facrifiés fans mifericor-
de. Outre cette abominable pratique qui
faifoit périr un nombre infini d'innocens,
ils avoient encore celle d'obferver, cinq
ou fix jours après la naiffance, s'il ne
paroiffoit pas fur le vifage de ceux mêmes qui étoient affez fains pour avoir
échappé à la rigueur de la premiere loi,
quelques marques qui fuffent d'un mauvais préfage pour l'avenir. Ils en diftin-
guoient d'heureufes & de malheureufes,
& ils ôtoient encore la vie impitoyable-
ment à ceux qui ne les avoient point telles qu'ils fouhaitoient. Il n'étoit point
étonnant, qu'avec cette coutume & les
deux raifons que j'ai déja rapportées, la
Nation fut fi peu nombreufe. Je n'épar-
gnai rien pour leur faire concevoir l'in-

humanité de cette conduite, & lorsque je crus avoir fait quelque impreſſion ſur eux par mes diſcours, j'ordonnai par un cri public, que tous les enfans fuſſent élevés déſormais ſans diſtinction.

Les familles étoient ſéparées, & à la reſerve d'un fort petit nombre qui ſe joi-gnoient quelquefois enſemble par des raiſons particulieres, chacune avoit ſon logement à part, & ſe procuroit par ſon propre travail les choſes néceſſaires à la vie. Mais malgré cette union, ils con-noiſſoient peu les relations de ſang, & les devoirs mutuels de la parenté. Le fils n'étoit obligé à aucun reſpect pour ſon pere, & le pere n'en exigeoit point de ſes enfans. A peine un jeune Abaqui avoit-il atteint l'âge où l'on commence à pouvoir ſe paſſer du ſecours d'autrui, qu'il ne dépendoit plus de perſonne, & qu'il ſe trouvoit en égalité, non ſeule-ment avec les vieillards, mais avec ceux mêmes de qui il tenoit la naiſſance. Ils n'avoient même aucuns noms particu-liers pour exprimer la qualité de pere. La plûpart ſuivoient cet uſage dans tou-te ſon étendue, & ne marquoient pas plus d'attention pour leurs parens que

pour les autres. Il s'en trouvoit néanmoins quelques-uns, dans lesquels la nature étoit assez forte pour conserver ses
droits. Tel étoit Iglou & toute sa famille. Je n'ai jamais vû d'exemple de
tant d'amitié & d'une si parfaite union entre des proches. Il ne me fut pas difficile de reconnoître peu à peu ceux qui
leur ressembloient, & je me fis une étude
de me les attacher particulierement ;
étant persuadé qu'il n'y en avoit point
dont j'eusse plus de zéle & de fidelité à
esperer, que de ceux qui étoient capables de ces sentimens naturels. Mais
ce qui me parut surprenant, fut de voir
regner dans les familles une concorde
admirable, malgré l'indépendance où ils
étoient les uns à l'égard des autres. Les
querelles & les divisions étoient presqu'inouies parmi eux. J'attribuai cette
tranquillité à deux causes : au caractere
naturel de la Nation, qui étoit doux &
ennemi de la violence ; & à la crainte
commune qu'ils avoient des Rouintons
qui les tenoit sans cesse en allarme, &
ausquels il leur eût été difficile de re-
sister, s'ils se fussent divisés.

Cependant, pour établir leur paix &

leur union sur des fondemens plus soli-
des, je leur expliquai les devoirs de la
Nature, qui assujetit jusqu'à un certain
point les enfans à l'autorité paternelle. Je
leur fis comprendre, que s'ils étoient
obligés de s'aimer les uns les autres,
parce qu'ils étoient Citoyens d'un même lieu, & unis par les mêmes interêts;
ils devoient quelque chose de plus particulier à ceux qui les touchoient encore
de plus près par le bienfait de la naissance
& de l'éducation : qu'en changeant de
demeure, ils pouvoient perdre les relations de la société, mais que rien n'étoit
capable de rompre les liens du sang; qu'en
croissant même & en avançant en âge,
ils n'acqueroient point de droits qui pussent diminuer ceux de leurs Peres, puisque la force & la santé portoient toujours sur la vie qu'ils avoient reçue
d'eux, comme sur leur principe : qu'ils
ne devoient rien trouver de gênant dans
un devoir dont l'exécution ne s'exigeoit
jamais avec dureté & avec rigueur : que
le tems viendroit d'ailleurs où les enfans
auroient leur tour, & qu'après avoir res-
pecté leurs Peres, & leur avoir rendu
leur obéissance, ils auroient aussi des en-

fans dont ils fe feroient obéir & refpecter.

D'un autre côté, j'inftruifis les Peres
des bornes raifonnables que devoit avoir
leur autorité, & de la maniere tendre &
compatiffante dont ils devoient l'exercer : que quelque droit que la Nature, &
les Réglemens que j'allois établir leur
accordaffent fur leurs enfans, ce n'étoit
point pour leur propre fatisfaction qu'ils
devoient en ufer ; que c'étoit pour le
bien de ces mêmes enfans, & pour l'a-
vantage général de la Nation ; que leur
qualité de Peres leur impofoit à eux-mêmes des obligations, que je tiendrois la
main à leur faire obferver ; qu'une attention continuelle, des foins fans ménage-
ment, de la fageffe, de la bonté & de la
patience, du refpect, de l'attachement,
& de la foumiffion, étoient ceux des enfans. Je ne me contentai point de leur
expliquer ces maximes en public ; je vi-
fitai chaque famille pour les leur répeter
en particulier dans leurs maifons, & je
ne commençai à les faire exécuter qu'a-
près leur avoir fait confeffer que leur
vie en feroit plus douce, leur union plus
affurée, & la forme exterieure de leur
focieté plus riante & plus agréable.

Lorsqu'ils furent ainsi disposés à ce grand changement que je regardois comme la partie la plus essentielle de mon dessein, j'établis l'ordre qui me parut le plus facile à observer, & le plus propre à subsister long-tems. Dans chaque famille, je réglai que le plus âgé seroit consideré comme le Chef, à moins qu'il ne fût incapable de tenir ce rang pour quelque raison considerable, dont le jugement appartiendroit à un Tribunal superieur. L'ordre de la naissance devoit regler de même tous les autres rangs. Je ne jugeai point à propos d'exclure les femmes des droits que j'accordois aux hommes. La Nature leur y donne les mêmes prétentions qu'à nous ; & si le principal fondement de l'autorité des Peres sur leurs enfans, est le bienfait de la naissance & de l'éducation, il semble qu'une mere y devroit avoir la meilleure part, elle à qui ces deux faveurs coûtent si cher. J'ordonnai donc, par une Loi irrévocable, que le pouvoir & l'autorité suivroient l'âge, sans distinction de sexe.

Mais cet ordre ne regardant que l'interieur des familles, je formai aussi-tôt un Corps, ou un Conseil, dont je bornai les Membres au nombre de vingt, & je le composai de ceux qui m'avoient paru les plus raisonnables & les plus moderés dans toute la Nation. Quoique je n'en exclusse point les femmes, j'y mis néanmoins certaines exceptions qui me semblerent nécessaires. Comme le but de cet établissement étoit d'en faire un souverain Tribunal auquel je voulois laisser toute mon autorité lorsque je quitterois la Nation, je m'attachai extrêmement à prendre toutes les mesures qui pouvoient le rendre respectable. La premiere régle que j'établis pour le choix des Membres, fut celle de l'âge. Les hommes n'y devoient point être admis s'ils n'avoient atteint quarante ans, & les femmes si elles n'étoient au-dessus de cinquante. Cette inégalité que je mettois entre les femmes & les hommes, n'étoit point injurieuse pour leur sexe. Elle étoit fondée sur la même raison qui a porté la plûpart des Législateurs à réserver au nôtre la connoissance & le maniement des affaires publiques; c'est-à-dire, sur les incommodités de la grossesse ausquelles la nature assujettit les femmes

jusqu'à

jufqu'à un certain âge , & fur les foins
qu'elles font obligées de prendre pour la
nourriture & l'éducation des enfans.
Mais comme elles font délivrées de ces
embarras à cinquante ans, & que je ne
voyois point d'autre raifon qui les rendît
moins capables que nous à cet âge des
foins du Gouvernement, je voulus qu'elles y priffent autant de part que les hommes. Je fçai que les mauvais plaifans & les
ennemis de cet aimable fexe, rejettent fur
d'autres caufes l'ufage prefque générale-
ment établi d'éloigner les femmes des
affaires ; ils l'attribuent à leur foibleffe &
à leur ignorance. Mais j'avois un exemple chez les Abaquis, qui détruit cette
injufte accufation. Les femmes y vivant
fans contrainte, & n'y recevant point une
autre éducation que celles des hommes ,
y étoient auffi vigoureufes & auffi pru-
dentes que leurs maris ; preuve affez forte , que fi elles le font moins dans la plûpart des autres Païs du monde , c'eft
par un effet de l'injuftice & de la tyrannie des hommes , qui les attachent
contre l'ordre de la Nature à des occu-
pations qui les amolliffent, & qui ufur-
pent ainfi fur elles une autorité qu'el-

les devroient partager avec eux.

Outre l'âge, il falloit, pour être admis dans le Conseil, avoir mené une vie sage & exempte de reproche. Quoique les Abaquis eussent été jusqu'alors sans Loix, & à parler proprement, sans Religion, ils sçavoient fort bien faire un juste discernement entre les vertus & les vices. La douceur, la fidelité dans les promesses, la temperance même, étoient en estime parmi eux, & ne le cedoient qu'à la hardiesse & à la valeur, qui étoit le souverain degré de distinction. C'étoit par les premieres de ces qualités que le vieil Iglou s'étoit fait considerer, & Moou par les secondes. Je reglai qu'un Membre du Conseil devoit posseder du moins les premieres. Lorsqu'une place viendroit à vaquer dans le Conseil, chaque famille devoit choisir dans son sein une personne de l'un ou de l'autre sexe qu'elle jugeoit propre à la remplir, & c'étoit au Conseil même que je laissois à décider ensuite qui mériteroit la preference.

Au reste, cet établissement avoit deux objets. Le premier étoit la connoissance & le gouvernement general des affaires & des interêts de la Nation. Les Conseil-

lers devoient s'affembler à des jours re-
glés, & traiter enfemble de tout ce qui
concernoit le bien public. C'étoit une
peine que j'étois difpofé fans doute à leur
épargner pendant tout le tems que j'avois
à vivre avec eux ; mais je voulois les
mettre peu à peu dans une habitude
d'ordre & de police, qui pût fe foutenir lorfqu'ils m'auroient perdu. Il falloit
à ce Peuple, bon, mais groffier, quelque chofe de fimple, & en même-tems
de fi vifiblement utile, qu'il fentît lui-
même la différence avantageufe de l'état
où je le voulois mettre, d'avec celui où
je l'avois trouvé.

Le fecond emploi des Confeillers devoit être l'infpection particuliere des familles. Je divifai toute la Nation en vingt
parties, qui répondoient au nombre des
Membres du Confeil. Chaque Confeiller
devoit avoir fa demeure dans le Quartier qui lui feroit affigné, s'informer exactement de tout ce qui pouvoit arriver de
contraire à l'ordre, & faire fon rapport
au Confeil, à qui il appartiendroit d'en
juger après une déliberation commune.
On s'imaginera peut-être, que c'étoit
donner trop d'occupation à un feul Tri-

bunal, composé seulement de vingt personnes, que de lui attribuer ainsi l'ad-
ministration de toutes les affaires publiques & particulieres ; mais on doit faire
attention que des Sauvages, nuds, sans
ambition & sans avarice, n'avoient pas
des interêts bien difficiles à démêler, &
qu'à la réserve de quelques querelles que
le hazard pouvoit faire naître, il ne devoit guères arriver d'occasion où la sagesse & la pénétration du Conseil eussent
beaucoup à s'exercer. Pour ce qui regardoit les Loix, je ne crus point devoir en
établir un grand nombre. Celles de la
Nature suffisoient, & leur plus importante partie se trouvoit déja comprise
dans l'ordre que je mettois dans les familles. Vivez dans l'union ; ayez les uns
pour les autres les mêmes égards de douceur & de patience, que chacun souhaite
qu'on ait pour lui-même : telle fut la seule
Loi politique que je tâchai de faire goûter aux Abaquis, & dont je m'efforçai
de leur faire comprendre la nécessité. Je
ne laissai pas d'établir des punitions pour
certains crimes, des récompenses & des
distinctions pour les actions extraordinaires de vertu, d'abolir quelques coutumes

superstitieuses de leurs Assemblées, &
sur tout de faire quelques Reglemens utiles touchant la proye qu'ils rapportoient
de leurs chasses, & qui étoit presque la
seule chose qui donnât quelquefois lieu
parmi eux aux querelles & aux divisions.

Trois jours m'ayant suffi pour ces divers établissemens, & la docilité des Sauvages semblant me répondre desormais
du succès de toutes mes entreprises, je
formai un autre dessein, dont l'exécution
auroit peut-être été d'abord plus difficile. Je compris que si la subordination
que j'avois établie dans les familles me
coûtoit quelque peine à soutenir & à
confirmer, l'obstacle viendroit bien moins
des anciens, qui trouveroient leur compte dans l'obéissance de leurs enfans, que
de la jeunesse, qui est naturellement en-
nemie de la dépendance, sur tout dans
une Nation barbare & accoutumée à une
excessive liberté. Je résolus donc d'employer les jeunes Abaquis à quelque
exercice qui pût servir tout à la fois à les
tenir occupés, & à leur faire prendre in-
sensiblement l'habitude du joug. J'avois
un prétexte fort naturel, dans la crainte
qu'ils avoient des Rouintons leurs en-

nemis. Je leur fis entendre que ces terribles voifins m'épouvantoient peu, & qu'il me feroit facile d'arrêter leur furie, & de les détruire même entierement, mais qu'il falloit qu'ils appriffent de moi auparavant l'art d'attaquer & de fe défendre : qu'avec les inftructions que je leur donnerois fur cette matiere, ils alloient devenir invincibles : que c'étoit le plus important fecret que j'euffe apporté de l'Europe : enfin, qu'il étoit néceffaire que leur jeuneffe renonçât pour quelque tems à la chaffe, & qu'elle s'occupât entierement de la pratique de mes leçons. J'avois befoin de toutes ces précautions pour retenir douze ou quinze cent jeunes & fiers Abaquis dans l'Habitation, & pour les préparer à la contrainte des exercices militaires.

Ils accepterent néanmoins ma propofition de bonne grace. Je les divifai auffitôt en plufieurs bandes, à l'imitation de nos Compagnies & de nos Régimens. Je nommai des Chefs généraux & fubalternes, dont Moou fut le principal. C'étoit la récompenfe que je lui deftinois pour le fervice important qu'il m'avoit rendu. Ce Sauvage étoit brave & réfolu,

mais vif & turbulent. J'eus regret dans
la suite de me trouver forcé par sa mauvaise conduite, à le traiter autrement que
mon inclination ne me l'eût fait desirer.

L'entreprise de former les Abaquis à
la Guerre surpassoit sans doute mes forces,
car je n'avois jamais fait mon étude du
métier des armes. Mais outre qu'il n'y a
point de science dont un homme de bon
sens ne puisse trouver les principes en
soi-même avec un peu de réflexion, je
comptois sur Youngster, qui avoit servi
en Angleterre avec honneur, & sur lequel j'avois dessein de me reposer de
cette partie de mon Gouvernement. Il
s'y prit d'une maniere admirable, & qui
réussit au-delà de mon attente. Son air
étoit imposant, & son humeur sévere. En
peu de mois il établit une discipline si
exacte parmi les jeunes Abaquis, que je
fus surpris de leur trouver tout à la fois
tant d'adresse & d'obéissance. Je ne remarquai qu'une chose à condamner dans
sa méthode ; il maltraitoit quelquefois
trop séverement ceux qui manquoient au
devoir. Je lui en fis des reproches, & je
le fis convenir que c'est une pratique absolument mauvaise dans un Officier, que

de traiter ſes Soldats avec une hauteur
qui éteint leur fierté & leur courage. Il
faut les former à l'obéiſſance, ſans les
accoutumer à l'eſclavage. Au reſte, il
y a peu d'exercices dans la Guerre dont
il ne les eût rendus capables. Il avoit
même inventé diverſes ſortes d'armes,
dont les coups étoient bien plus redou-
tables que ceux de leurs flèches & de
leurs maſſues. Au défaut de fer, il avoit
trouvé le moyen de leur compoſer des
ſabres d'un bois peſant, qu'il faiſoit dur-
cir au feu, & qu'il rendit ſi affilés par
le moyen de quelques pierres tranchan-
tes, qu'il n'y avoit point d'acier plus
propre à faire de larges & profondes bleſ-
ſures, ſur tout parmi des Sauvages qui
ont le corps nud & ſans défenſe. Il leur
avoit formé des piques armées d'os, des
poignards qu'ils portoient à côté de leurs
Carquois, & d'autres inſtrumens meur-
triers, qui étoient peut-être autant de
preſens pernicieux qu'il faiſoit aux Sauvages, mais dont l'invention étoit juſtifiée par une fin auſſi juſte que celle de ſe
défendre de la cruauté des Rouintons.
Avec cela, la Garde ſe faiſoit exactement auprès de ma demeure, & dans pluſieurs

fieurs autres endroits de l'Habitation.
Youngfter fe donnoit lui-même chaque
nuit la peine de vifiter tous les Poftes ,
pour accoutumer fes éleves à la vigilance ; il ne laiffoit point de petite faute
fans punition ; de forte que non feulement nous étions en affurance contre les
furprifes de nos ennemis , mais en état
même de les braver , fi je n'euffe crû qu'il
étoit de la juftice de les laiffer en paix
tant qu'ils voudroient eux-mêmes y demeurer.

Il s'étoit paffé deux mois entiers depuis le départ de mes fix Envoyés. Je
ne fçavois qu'augurer de leur lenteur ;
& nos inquiétudes pour Mylord croif-
foient au point de ne pas nous laiffer un
moment de repos. Un jour que nous
étions à nous entretenir triftement , le
vieil Iglou vint m'annoncer avec un
tranfport de joye , qui lui venoit de l'efperance de m'en caufer beaucoup , que
les fix Abaquis arrivoient à l'heure même dans l'Habitation , & qu'ils avoient
avec eux un Etranger , vêtu à l'Euro-
péenne. Mon impatience ne me permit
point de les attendre. J'allai au-devant
d'eux. Effectivement , ils étoient accom-

pagnés d'un Anglois ; mais son visage
m'étant inconnu , je craignis de m'être
trop flatté en me promettant d'heureuses
nouvelles. Il fallut écouter d'abord les
Abaquis, qui me raconterent tumultueu-
sement les embarras & les fatigues qu'ils
avoient essuyés dans leur voyage , &
avec combien de peines ils étoient enfin
arrivés dans la Virginie. Ils avoient erré
long-tems sans être assurés de leur route ;
& tirant sur la gauche , au lieu d'aller
droit à la Caroline , ils avoient suivi le
pied des Monts Apalaches , par cette
seule raison , que le chemin leur avoit
paru commode ; de sorte qu'en s'éclair-
cissant peu à peu par la rencontre de
quelques autres Sauvages , ils avoient
découvert heureusement les environs de
Powhatan , qui sont fort cultivés , d'où
il leur avoit été facile de gagner cette
Ville. Ils n'avoient rien de plus interes-
sant à me dire , n'ayant pû rien comprendre au langage qu'ils y avoient entendu ;
mais ils ajouterent , que l'Etranger qu'ils
avoient avec eux , pourroit m'instruire
davantage.

Cet Anglois me fit comprendre en effet , qu'il avoit des choses d'importance

à me communiquer, & qu'il étoit venu
exprès de Powhatan dans ce dessein. Je
me hâtai de le conduire chez moi ; & là,
en présence de mon Epouse & de Madame Riding qui attendoient aussi impatiemment que moi qu'il ouvrît la bouche,
il tira d'abord une Lettre, qu'il me pria
de lire avant que de s'expliquer davantage. J'en reconnus aussi-tôt le caractere.
Elle étoit de Madame Lallin. La rou-
geur me monta sur le champ au visage.
J'aurois souhaité de pouvoir cacher cette Lettre aux yeux de mon Epouse, &
je demeurai un moment incertain si je
l'ouvrirois en sa présence.

Pour déveloper ce mystere, je dois
avertir ici, que javois gardé le silence
jusqu'alors sur le voyage & sur le malheur de Madame Lallin. Avec quelque
innocence que je me fusse conduit à l'é-
gard de cette Dame, j'avois crû que
puisque son mauvais sort nous avoit séparés, & qu'il y avoit peu d'apparence
que nous pussions jamais nous rejoindre,
il étoit inutile que je fisse connoître à
Mylord & à sa fille la résolution qu'elle
avoit prise de m'accompagner. On peut
se souvenir qu'avant notre départ, même

de Rouen, j'avois eû quelque inquiétude sur l'effet que sa présence pourroit
produire dans l'esprit de Fanny. La reconnoissance & la pitié m'avoient fait
passer néanmoins sur cette considération ;
mais la suite des choses ayant tourné si
malheureusement pour elle, je ne m'étois
pas crû obligé de faire à mon Epouse
un récit dont je n'avois rien d'avantageux à attendre, quoique je fusse assez
assuré de son cœur pour ne me pas défier
qu'elle pût jamais s'imaginer quelque
chose de plus que la verité. Cependant,
je concevois bien que venant non seulement à découvrir indirectement, & en
quelque sorte malgré moi, le voyage
de cette Dame, & les relations que j'a-
vois eues avec elle, mais à trouver peut-
être dans sa lettre quelques expressions
tendres qui marqueroient la douleur que
lui avoit causé notre séparation, elle auroit un juste sujet, sinon de s'allarmer
jusqu'à me soupçonner d'une perfidie,
du moins de trouver étrange que j'eusse
manqué de confiance pour elle, & que
je lui eusse déguisé une avanture si extraordinaire avec tant de soin. Cette pensée, qui se présenta à mon esprit dans

toute fa force, me jetta dans le dernier
embarras. Il m'étoit impoffible néanmoins
de prendre un autre parti que celui d'ouvrir ma lettre. Il fallut m'y déterminer ;
& le feul fecours que je tirai d'un moment de réflexion, fut de réunir toutes
mes forces pour conferver du moins un
air libre & une contenance tranquille.

Mais toute mon adreffe & mes efforts
étoient bien inutiles. Le coup de ma ruine
étoit porté. Pourquoi tenir plus long-
tems mon Lecteur fufpendu ? Ma trifte
Epoufe étoit déja trop malheureufement
inftruite de l'arrivée de Madame Lallin
en Amerique, & cette mélancolie profonde dont elle s'obftinoit à me cacher
la caufe, n'en avoit point d'autre que
les foupçons de la jaloufie. Fatale paffion ! Mon Efclave Iglou l'avoit fait naître par un zéle inconfideré à raconter
tout ce qu'il avoit appris de mes avantures, foit de moi-même qui m'étois quelquefois trop ouvert dans les plaintes qui
m'étoient échappées en fa préfence, foit
par d'autres informations qui ne font jamais venues à ma connoiffance. La curiofité avoit porté mon Epoufe à l'interroger. Moins elle avoit trouvé de clarté

dans ses réponses, plus elle croyoit avoir
de justes sujets de s'allarmer. Mon silence
sur tout ce qui concernoit Madame Lallin, avoit achevé de confirmer ses doutes ; c'est-à-dire, de lui percer le cœur.
Elle se croyoit trahie ; ou du moins, si
elle pouvoit se persuader que les marques
présentes de mon amour étoient sinceres,
elle ne les regardoit que comme le retour
d'un homme qui l'avoit abandonnée pendant quelque tems, & qui revenoit à
elle parce qu'il n'avoit pû conserver ce
qu'il lui avoit préferé. Cependant, sa
douceur, son respect pour la volonté de
son pere, & son inclination même, plus
forte que son ressentiment, l'avoient fait
consentir à recevoir ma main ; mais elle
portoit le trait au fond du cœur, & mes
plus tendres caresses ne pouvoient l'en
arracher. Madame Riding, à qui elle s'é-
toit ouverte en confidence, tâchoit en
vain de la guérir par ses consolations, &
de lui rendre le repos. C'étoit par son
conseil qu'elle me déguisoit le sujet de
ses peines, car Fanny n'étoit pas capable d'elle-même de soutenir long-tems
une si violente dissimulation ; son cœur
ne forma jamais de sentiment qui ne fût

droit & sincere. D'ailleurs, l'intention
de Madame Riding ne sçauroit être con-
damnée. Elle craignoit que des explica-
tions de cette nature ne missent du re-
froidissement entre nous, & que le remede par conséquent ne fût beaucoup
plus dangereux que le mal. Voila le triste
nœud des infortunes de ma malheureuse
Epouse & des miennes. On la verra, ob-
stinée à se taire pendant une longue suite
d'années, m'aimer avec une passion sans
bornes, & dévorer continuellement ses
plus mortelles peines ; & moi, toujours
sûr de mon innocence & de ma fidelité,
agir inconsiderement dans cette suposi-
tion, & me rendre coupable, non seulement de mes propres malheurs, mais
encore du crime des autres, en donnant
lieu, sans le vouloir, aux évenemens les
plus tragiques & les plus sanglans. Justice
éternelle ! qui entreprendra d'expliquer
tes desseins ? Tu m'as accoutumé à en
ressentir les plus tristes effets, sans oser
les approfondir & sans en murmurer.

J'ai peut-être satisfait trop tôt la curiosité de mes Lecteurs. Pour rendre mon
Histoire plus interessante, & lui donner
les graces d'un Roman, j'aurois dû re-

mettre à la fin de mon Ouvrage, l'é-
claircissement que je me suis hâté de donner en cet endroit. Mais suis-je capable
de chercher à plaire, & ai-je promis autre chose dans ces Mémoires que de la
sincerité & de la douleur ? Il m'en eût
trop coûté, de laisser l'innocence de ma
chere Epouse & ma propre constance
exposées un moment au doute & aux
soupçons. Qu'on se souvienne seulement,
que dans les évenemens que j'ai à raconter, mon sort m'étoit plus obscur qu'il
ne l'est maintenant à mes Lecteurs, &
que la source principale de mes peines
est de n'avoir pas eû plutôt les mêmes lumieres.

J'affectai donc toute la liberté d'esprit
dont j'étois capable, en ouvrant la lettre de Madame Lallin ; & pour prévenir
plus parfaitement les soupçons de mon
Epouse, je lui dis, avant que de commencer à la lire, que j'en connoissois
l'écriture, & que pour en faciliter l'intelligence, je voulois lui apprendre que
cette Dame étoit partie de Rouen avec
moi pour faire le voyage de l'Amerique.
Nous avons été jusqu'à present, ajoutai-je, si occupés de nos propres peines

& de nos avantures, que ce n'étoit point
le tems de vous amufer par le récit des
infortunes d'autrui. Mais c'eft une relation que je vous promets, quand vous
jugerez à propos de l'entendre. Je lus
alors d'un ton ordinaire la lettre de Madame Lallin. Elle me marquoit une joye
extrême d'avoir appris fi heureufement
que j'étois en Amerique, & que j'avois
échappé à la malignité du Capitaine Will.
Elle s'étoit fauvée elle-même de fes mains
par adreffe; & dans l'efperance de trouver Mylord à Powhatan ou dans quelque autre endroit de la Virginie, elle s'y
étoit rendue de la Jamaïque où elle avoit
abandonné fon raviffeur. Le hazard
ayant conduit mes fix Sauvages à Powhatan, ils y avoient prefenté ma lettre
au premier Anglois qu'ils avoient rencontré. Le nom de Mylord avoit excité
la curiofité de tous les Habitans, de
forte que ma lettre ayant couru par toute
la Ville, elle étoit tombée à la fin dans
fes mains. C'étoit elle qui avoit engagé
par une groffe récompenfe, un Anglois
de Powhatan à fuivre mes Sauvages à
leur retour. Elle m'affuroit que fi elle
n'eût confulté que fes défirs, elle les

eût accompagné elle-même ; mais que
cette entreprise lui étant impossible, elle
me conjuroit de lui faire sçavoir promptement de mes nouvelles, & par quel
moyen nous pourrions nous rejoindre.
Pour ce qui regardoit Mylord, elle me
marquoit le désespoir que lui causoit
comme à moi l'incertitude de son sort.
On n'en avoit rien appris à Powhatan
depuis sa fuite. Mais elle croyoit pouvoir m'assurer, disoit-elle, qu'il n'avoit
rien à craindre desormais du Capitaine
Will, qui s'étoit rebuté de ses inutiles
recherches, & qui se disposoit à faire
voile vers l'Europe. Enfin elle me demandoit des nouvelles de Fanny & de
Madame Riding, & elle paroissoit s'inte-
resser fort sincerement à leur fortune.

Tel étoit le sens de cette lettre, dont
la vûe m'avoit causé tant de frayeur.
Toutes les expressions y étant sages &
mesurées, je me remis mieux que jamais
de mon inquiétude, & je ne fis pas difficulté de raconter en peu de mots aux
deux Dames le motif & les principales
circonstances du voyage de Madame
Lallin. Elles m'écouterent assez tranquillement. Madame Riding rompit cet en-

tretien, pour le faire tomber fur les affaires de Mylord. Je n'infiftai point davantage, & n'appercevant nulle émotion
fur le vifage & dans les yeux de Fanny,
je demeurai fort tranquille fur ce qui venoit d'arriver. Je fus très-fatisfait auffi
de l'article de la lettre, qui concernoit
Mylord. Le départ de John Will dimi-
nua beaucoup ma crainte. Je crus pouvoir me flatter avec raifon, que ce Seigneur étoit à la Caroline, qu'il y avoit
été reçû fans oppofition, & qu'il attendoit, pour nous donner de fes nouvelles, qu'il eût mis de l'ordre & de la
tranquillité dans cette grande Province.
Il eft vrai qu'il s'étoit écoulé déja bien
du tems depuis fon départ ; mais quelque ingénieufe que la tendreffe foit à fe
tourmenter, je ne voyois rien qui pût
m'allarmer avec fondement. L'Efcorte
nombreufe dont il étoit accompagné me
raffuroit contre la crainte des autres Nations Sauvages qu'il pouvoit avoir ren-
contrées ; & en fuppofant même que ce
malheur lui fût arrivé en chemin, j'avois
lieu de me perfuader qu'il s'en étoit délivré heureufement, parce qu'il ne me
fembloit pas poffible que tous fes Com-

pagnons euſſent péri, & qu'il n'en fût pas
revenu quelqu'un pour nous annoncer
cette nouvelle. J'obtins ſur moi par ces
faux raiſonnemens de ne pas me livrer
trop à l'inquiétude, & je me fis ainſi une
cruelle illuſion ſur les deux coups les plus
funeſtes qui m'ayent jamais été portés par
la fortune. Il falloit répondre à Madame
Lallin. Je le fis ſans myſtere & ſans difficulté. Mon Epouſe me vit écrire ma lettre. Je marquai ſimplement à cette Dame,
que j'étois ravi du bonheur qu'elle avoit
eû de ſe mettre en liberté. Je lui conſeillai
de demeurer à Powhatan, juſqu'à ce que
l'occaſion ſe préſentât de nous rejoindre.
Je lui appris mon mariage ; & je la priai
pour notre interêt commun, de ne rien
épargner pour découvrir ce que Mylord
étoit devenu. Les ſix Sauvages ayant
conſenti à retourner à la Virginie avec
l'Anglois qu'ils avoient amené, je leur
fis promettre de revenir par la Caroline,
& je demandai en grace à Madame Lallin de leur donner des Guides, & toutes
les commodités néceſſaires pour le ſuccès de leur voyage.

Je goûtai plus de repos après leur départ, que je n'avois fait depuis long-

tems. Je ne pouvois manquer d'être bien-
tôt informé avec certitude de ce qui étoit
arrivé à Mylord; & Fanny faisant plus
d'effort que jamais sur elle-même, par-
vint à me déguiser entierement le trouble continuel de sa jalousie. Elle suivoit
apparemment le conseil de Madame Riding. Il y avoit déja quelque tems que
sa grossesse s'étoit déclarée. Les Abaquis en témoignerent une joye extrême.
Ils avoient dans ces occasions certaines
Cérémonies superstitieuses qu'ils prati-
quoient à l'égard de leurs femmes, &
qu'ils me proposerent par rapport à la
mienne. Je rejettai leurs offres, & je pro-
fitai de cette circonstance, comme j'a-
vois déja fait de plusieurs autres, pour
dissiper peu à peu leur aveuglement. Ils
m'écoutoient avec admiration, lorsque
je leur parlois d'une autre Divinité que
le Soleil, plus ancienne & plus puissante
que lui, dont il étoit lui-même l'ouvrage, & dont il recevoit continuellement sa chaleur & sa lumiere. Mais comme ils n'étoient point capables d'être
convaincus par la force d'un raisonnement, je ne m'étois jamais apperçû que
mes discours eussent fait sur eux l'im-

preſſion que je déſirois; & j'attendois
toujours pour entreprendre de changer
leur Religion, qu'il ſurvînt quelque évenement extraordinaire que je puſſe faire
tourner adroitement au ſuccès de ce deſſein. Il s'en préſenta un, dont je tirai tout
le fruit que j'eſperois. Peut-être trou-
vera-t'on quelque choſe d'irrégulier, ou
du moins de trop humain dans les moyens
que j'employai : mais je crois ma conduite juſtifiée par mes intentions, ſur
tout à l'égard d'un Peuple groſſier qui
ne pouvoit être ébranlé d'une autre maniere.

Moou avoit, comme j'ai dit, d'excel-
lentes qualités. Il avoit le corps bien fait
& vigoureux : il étoit ſobre, adroit,
entreprenant, généreux, & d'une intré-
pidité qui le faiſoit regarder avec raiſon
comme le plus brave de tous les Abaquis. Mais ſon humeur vive & bruſque
le rendoit difficile à ménager, & je m'é-
tois étonné pluſieurs fois qu'Youngſter,
qui étoit un autre caractere impérieux &
violent, eût vêcu ſi long-tems en bonne
intelligence avec lui. Ils eurent enfin un
gros differend ſur quelque point de la
diſcipline militaire, & étant tous deux

trop emportés pour s'arrêter à certaines bornes, ils se menagerent si peu qu'ils devinrent ennemis irréconciliables. Je fus instruit aussi-tôt de ce démêlé. Youngster m'en expliqua naturellement la cause, & quoiqu'il eût manqué peut-être un peu de prudence, il étoit clair par son récit que Moou étoit le seul coupable. Il le sentit sans doute lui-même; car lui ayant fait donner ordre de me venir rendre compte de sa conduite, il refusa de se rendre chez moi, & il demeura renfermé pendant quelques jours dans sa Cabane, sans se laisser voir même de ses meilleurs amis. Son obstination me causa de l'embarras. Je ne pouvois fermer les yeux sans danger sur un refus qui blessoit mon autorité; & j'appréhendois d'un autre côté, en le prenant sur un ton trop absolu, de révolter contre moi la plus grande partie de la Jeunesse, qui lui étoit entierement dévouée. Je me servis d'abord d'Iglou & de quelques autres Sauvages des plus moderés, pour le porter doucement à rentrer dans le devoir. Leurs efforts furent inutiles. Cet esprit violent & vindicatif ne pouvoit digerer l'insulte qu'Youngster lui avoit faite en le maltraitant de plusieurs coups. Il s'emportoit ouvertement en menaces & en projets de vengeance, non seulement contre lui, mais contre moi-même & contre toute ma famille. Le mal commença à me paroître si sérieux, que je me crus obligé d'y apporter un prompt remede. Je m'y déterminai bien plus encore, lorsque j'appris du vieil Iglou que toutes les nuits Moou recevoit la visite de quantité de jeunes-gens qui étoient dans ses intérêts, & que, suivant les apparences, ils concertoient ensemble les moyens de satisfaire leur ressentiment. Le soir du même jour qu'il m'annonça cette nouvelle, un jeune Abaqui s'introduisit chez moi dans l'obscurité, & m'ayant pris en particulier, il me fit un récit qui m'effraya. Il avoit sçû d'un autre les desseins de Moou. C'étoit de s'attrouper la nuit avec ceux qu'il avoit engagés dans sa querelle, de fondre sur ma maison, de se défaire de moi & de tous mes gens, en épargnant seulement Fanny, dont il vouloit faire son Epouse; & de prendre ensuite sur la Nation l'autorité qui ne m'avoit été accordée, disoit-il, qu'à sa sollicitation.

Je

Je remerciai vivement le jeune Sauvage. Un danger si preſſant demandant toute ma diligence & tous mes ſoins, je fis avertir ſecretement tout ce qu'il y avoit d'Abaquis ſur leſquels je pouvois faire un fonds aſſuré ; je leur recommandai de paſſer la nuit autour de ma demeure, & de ne laiſſer approcher perſonne ſans mes ordres. Enſuite, réfléchiſſant ſur les moyens de prévenir Moou, & ne voyant point de ſûreté à le faire arrêter dans ſa maiſon, je réſolus de me délivrer de lui par la voye la plus ſûre, qui étoit de le faire tuer en ſecret. Mon Emploi me donnoit ce droit ſur la vie d'un Sujet rebelle & parjure. Ce fut cette derniere réflexion qui m'en fit naître une plus étendue, & propre à faciliter le deſſein que j'avois d'amener les Abaquis à la connoiſſance du vrai Dieu. Je m'applaudis auſſi-tôt de cette penſée ; & je pris pour l'exécuter, des meſures qui me réuſſirent parfaitement.

J'aſſemblai tous les Sauvages qui ſe trouverent autour de ma maiſon, & n'étant pas fâché d'en avoir un plus grand nombre encore pour témoins, je fis appeller tous ceux qui habitoient les Cabanes voifines. Les voyant difpofés à m'écouter , je les fis fouvenir du ferment par lequel ils s'étoient engagés à m'obéir , & de la punition à laquelle devoient s'attendre ceux qui auroient la témerité de le violer. Moou , leur dis-je , s'eft rendu coupable du plus criminel parjure : fi le Soleil que vous adorez étoit un Dieu auffi puiffant que vous vous l'êtes figuré jufqu'aujourd'hui , il n'auroit pas tardé fi long-tems à lui faire fentir fa vengeance. J'ai laiffé paffer exprès quelques jours , pour vous faire appercevoir que vous vous trompez malheureufement dans l'objet de votre Culte , & que c'eft le Dieu que j'adore qui eft feul capable de fe venger & de punir. Je vous annonce donc de fa part , que ceux d'entre-vous qui manqueront à l'obéiffance , recevront de lui un horrible châtiment , & que Moou en fera le premier exemple. Allez lui faire à lui-même cette déclaration , ajoutai-je , en me tournant vers Iglou , & exhortez-le à fe reconnoître , s'il veut éviter le fupplice terrible qui le menace.

Je ne congediai les Sauvages , qu'après les avoir prié pour leur propre in-

terêt, de profiter du malheur de Moou,
& d'ouvrir les yeux fur ce qui arriveroit
bien-tôt. Etant rentré enfuite chez moi
avec Youngfter, je lui communiquai
mon deffein, & je le chargeai lui-même
de l'exécution. Mais comme j'aurois fouhaité d'accompagner la mort de Moou
de quelque circonftance extraordinaire,
capable de caufer de l'effroi aux Abaquis, nous cherchâmes par quel ftrata-
gême nous pourrions en impofer à ce
Peuple crédule & groffier. Si j'euffe eû
de la poudre en abondance, j'aurois
trouvé mille moyens de les épouvanter,
foit par le bruit, foit par d'autres effets
qui leur étoient inconnus; mais j'en avois
apporté fi peu de Powhatan, qu'en
ayant donné une partie à Mylord avec
les deux piftolets de mon Efclave Iglou,
il ne m'en reftoit gueres plus d'une demi-
livre. Cependant, Youngfter crut que
cela pourroit fuffire pour le projet qu'il
forma ; & tout puerile qu'il étoit, il lui
réuffit heureufement. Il prit la boëte même où je tenois ma poudre renfermée,
qui étoit une corne épaiffe, & fortifiée
par trois ou quatre cercles de cuivre.
Il la ferma avec beaucoup de foin, en

preſſant la poudre pour lui donner plus
de force, & il y laiſſa ſeulement une
petite ouverture, à laquelle il fit tenir
une fuſée. Il attacha enſuite à la boëte
une petite corde, qui devoit ſervir à la
ſoutenir. Ayant pris avec cela mes deux
piſtolets qu'il avoit chargés, il ſe fit ſuivre de nos deux autres Anglois, dont le
ſecours lui étoit néceſſaire. Son deſſein
étoit de monter ſur le toît de la Cabane
de Moou, avec l'aide des deux Anglois.
L'obſcurité de la nuit l'empêchoit de
craindre d'être apperçû. Il devoir s'approcher de la cheminée, qui n'étoit qu'un
large trou pratiqué dans le toît, ſuivant
l'uſage de la plûpart des Nations de l'A-
merique; mettre le feu à la fuſée, laiſſer pendre la boëte dans la Cabane à
une certaine hauteur; & comptant que
l'étonnement de voir les étincelles de
la fuſée attireroit auſſi-tôt Moou & ſes
Compagnons au-deſſous du trou qui ſer-
voit de cheminée, il eſperoit de pouvoir
l'ajuſter & le tuer d'un coup de piſtolet.
Le bruit du coup, la mort du Rebelle,
le fracas que feroit auſſi-tôt la boëte,
qui ne pouvoit manquer de ſe briſer en
mille pieces, étoient des circonſtances

qui devoient sans doute effrayer les Sauvages ; mais j'appréhendois qu'il ne prît
envie à quelqu'un d'entre eux de sortir
trop promptement de la Cabane, & que
Youngster ne fût apperçû sur le toit,
qui n'étoit pas fort élevé. Il s'obstina à
vouloir en courir tous les risques. Ses
deux Compagnons devoient se retirer
aussi-tôt qu'il y seroit monté ; & il comp-
toit, que dans l'épaisseur de la nuit, il
ne lui seroit pas difficile de se dérober lui-
même avec adresse. Si je l'en eusse voulu
croire, il eût mis le feu à la Cabane en
se retirant, pour achever de rendre la
scene terrible. Mais je m'y opposai absolument, par la crainte d'un incendie
général, qu'il nous auroit peut-être été
impossible d'arrêter.

Au moment qu'il alloit partir, le vieil
Iglou vint me faire le rapport de sa commission. Sa présence me fit naître une
nouvelle idée, qui servit encore au succès de mes vûes. Lorsqu'il m'eût raconté
que Moou avoit ri de mes menaces, &
qu'il paroissoit craindre aussi peu les châtimens du Ciel que les miens, je lui ordonnai de retourner sur le champ pour
renouveller ses exhortations au Rebelle,

& je lui dis de se faire accompagner de quelques Membres des plus âgés & des plus considerés du Conseil. C'étoit dans le dessein qu'ils fussent présens à la mort de Moou, & qu'ils pussent eux-mêmes en recueillir le fruit. Je les fis partir sans perdre de tems, & Youngster n'en perdit pas non plus pour se rendre au même lieu par un chemin different. Je ne pus résister à la curiosité qui me porta à le suivre moi-même à quelque distance ; & l'obscurité m'étant favorable, je demeurai à cinquante pas de la Cabane de Moou. Je n'y fus pas long-tems sans voir paroître quelques étincelles de la fusée, qui sortoient par le trou du toît. La boëte creva presqu'aussi-tôt, avec un fracas plus grand que je ne m'y étois attendu. Ce n'étoit pas l'intention d'Youngster, qui s'étoit proposé de tuer auparavant Moou, & je fus quelques momens à craindre qu'il ne lui fût impossible d'ajuster son coup par la cheminée, ce qui auroit ruiné entierement notre entreprise. Mais le bruit du coup de pistolet qui se fit bien-tôt entendre, me fit juger que tout s'étoit exécuté heureusement. Les deux Anglois passerent

près de moi dans le même inftant, fans
m'appercevoir; & Youngfter n'ayant
point tardé à les fuivre, j'appris de lui
qu'il avoit réuffi avec tant d'adreffe &
de bonheur, que le Ciel fembloit avoir
conduit fa main. A peine avoit-il laiffé
defcendre la boëte, que les Sauvages,
frappés de l'éclat des étincelles, s'en
étoient appprochés avec admiration. Ils
étoient au nombre de vingt-cinq ou
trente. La fufée s'étant confumée un peu
trop promptement, il n'avoit pû reconnoître affez-tôt Moou, pour tirer d'a-
bord fur lui. La boëte avoit crevé avec
beaucoup de violence. Ce contre-tems
n'avoit fervi qu'à le favorifer, en répan-
dant l'effroi dans la Troupe. Quelques-
uns avoient été bleffés dangereufement
par les éclats de la boëte, & tous s'é-
toient jettés à terre en pouffant un horrible cri, excepté Moou, que rien n'é-
toit capable d'épouvanter. Ce fier Sauvage avoit levé les yeux vers l'ouverture du trou, pour chercher la caufe
d'un fi étrange évenement; de forte que
rien n'avoit été plus facile à Youngfter
que de lui caffer la tête d'un coup de
piftolet.

Nous nous retirâmes aussi-tôt à ma maison, pour attendre l'effet de cette scene. Nous entendîmes un bruit épouventable qui paroissoit venir de tous les quartiers de l'Habitation. Ceux d'entre les partisans de Moou qui avoient pû fuir, s'étoient rendus chacun dans leurs Cabanes, où leur effroi & leur consternation avoient rendu témoignage, autant que leurs discours, du prodige qui venoit d'arriver. Tout le monde s'empressoit de courir pour voir le cadavre de Moou, & cinq ou six jeunes Abaquis qui étoient encore à terre auprès de lui, retenus par leur frayeur autant que par leurs blessures. On ne manqua point d'être bien-tôt informé des avertissemens que j'avois fait donner aux Rebelles une heure auparavant. Il étoit si clair que leur punition ne pouvoit être qu'un effet de mes menaces, qu'il ne se trouva personne qui en eût le moindre doute. Cette opinion étant devenue générale, & se trouvant confirmée par le rapport de ceux qui avoient entendu ma harangue & mes prédictions, on commença à ne craindre que le Dieu dont j'avois annoncé les marques ; & l'effet de cette

craiinte

crainte fut ſi étonnant, que tous les Abaquis de l'Habitation vinrent en un moment environner ma Cabane en jettant
des hurlemens affreux, & en me conju-
rant de paroître & de leur accorder mon
ſecours.

Je ſortis, pour les raſſurer par ma pré-
ſence. Quoique la nuit ne fût point fort
avancée, je me trouvai preſqu'auſſi
éclairé qu'en plein jour. Ils avoient al-
lumé un nombre infini de flambeaux,
tels qu'ils en ont l'uſage ; ce ſont de
longs bâtons de bois ſec, enduits d'une
eſpece de raiſine. Leurs cris ceſſerent à
ma vûe ; & les voyant diſpoſés à m'é-
couter, je fis apporter un banc ſur
lequel je montai pour me faire entendre
plus facilement. Je leur parlai avec force du crime de Moou, & de la juſtice
de ſon châtiment. Quelque ſévere qu'il
eût été, je les aſſurai que mon Dieu
étoit un bon Maître, qui n'exerçoit la
vengeance qu'à regret, & qui eût par-
donné même au parjure Moou, s'il ne
ſe fut point obſtiné à mériter d'être puni ; mais que le voyant endurci dans ſa
révolte, & le Soleil, qu'ils avoient crû
juſqu'alors redoutable, n'ayant point

Tome III. I. Part.   R

affez de puiffance pour le ramener au
devoir, j'avois follicité moi-même la punition terrible dont plufieurs d'entre eux
venoient d'être témoins; que ceux qui
fuivroient l'exemple de Moou, devoient
s'attendre au même malheur. J'ajoutai,
que j'avois ordre de ce même Dieu qui
fçavoit fi bien punir, de leur offrir des
faveurs & des bienfaits s'ils vouloient
l'adorer; qu'ils connoiffoient maintenant fa puiffance; qu'elle s'employeroit
pour leur bonheur, & pour la deftruc-
tion des Rouintons leurs ennemis; qu'ai-
mant fincerement leur Nation, comme
ils en devoient juger par le zéle que j'a-
vois marqué jufqu'alors pour leurs interêts, je n'étois point capable de leur rien
propofer qui ne fût pour eux d'un folide
avantage; que je devois néanmoins les
avertir, qu'après l'offre que je leur avois
faite de la protection & de l'amitié de
ce grand Dieu, ils devoient s'attendre à
fa haine s'ils ne la recevoient point avec
reconnoiffance; & qu'en refufant de le
préferer au Soleil, ils s'attireroient infailliblement le même fort que Moou.

J'avois parlé d'une voix fi haute & fi
diftincte, qu'il ne leur étoit rien échappé

du sens de mon discours. Ils me firent connoître par leurs cris & leurs applaudissemens, qu'ils étoient prêts à suivre toutes mes volontés. Je leur ordonnai de se rendre après midi dans la Prairie des Assemblées, où je leur expliquerois ce que le tems de la nuit ne me permettoit pas d'achever.

Ils marquerent beaucoup de joye en se retirant. La mienne étoit aussi très-vive, de me voir si heureusement délivré de toutes mes craintes, & à la veille de réussir dans un projet que j'avois toujours eû extrêmement à cœur. Je méditai sur la forme que je devois faire prendre à leur Religion. Mon incertitude ne dura pas long-tems. Ils n'avoient que les lumieres les plus simples de la Nature, & je ne les croyois pas capables d'en recevoir d'autres. J'examinai sur ce principe ce que l'Estre infinimen, juste pouvoit exiger d'eux. Il me paru que le point essentiel de leurs obligations étoit de reconnoître un Dieu tout-puissant leur Créateur & leur Maître absolu, de l'adorer sans partage, & d'esperer ses récompenses. Telles furent les bornes que je crus devoir donner à leur Foi.

Pour le culte, je réfolus de bannir les
Cérémonies myfterieufes, parce qu'elles
dégenerent tôt ou tard en fuperftition ;
& que n'ayant pas à vivre toujours avec
eux, je voulois éviter tout ce qui pouvoit les faire retourner à l'Idolâtrie. Je
ne jugeai pas même à propos de leur
donner des Temples. Quel ufage en euf-
fent-ils fait ? Ils les euffent orné. Leurs
idées fe fuffent bien-tôt renfermées dans
l'étendue de leurs murs, & ne fe fuffent
point élevées plus haut que la voûte. In-
fenfiblement, ils y euffent placé des Ido-
les, avec un redoublement d'ignorance
& de tenebres. Au lieu qu'en leur faifant envifager tout l'Univers comme
un Temple magnifique que Dieu s'eft
fabriqué de fes propres mains, & Dieu
lui-même affis au-deffus des nuës comme
fur un Trône, où il eft prêt fans ceffe
à écouter nos vœux & à recevoir nos
adorations, il me fembla qu'une noble
& fi refpectable idée feroit capable de fixer leur attention, & de s'imprimer dans
leurs cerveaux groffiers, d'une maniere
ineffaçable. Je m'arrêtai abfolument à
cette derniere méthode, & j'y ajoutai
feulement deux chofes, que je regardai

comme deux secours nécessaires à la foiblesse d'esprit des Abaquis : l'une, fut
d'établir que deux fois chaque semaine,
c'est-à-dire, tous les trois jours, il se
feroit dans la Prairie une Assemblée de
Religion, à laquelle toute la Nation seroit obligée d'assister ; l'autre, de com-
poser une Priere courte, mais d'un sens
clair & expressif, que tout le monde ap-
prendroit, sans exception. Et de peur
qu'il n'arrivât à quelqu'un de l'oublier
ou de manquer à la réciter, mon dessein étoit d'ordonner, que chaque Chef
de famille la prononçât tour à tour à
haute voix dans les Assemblées généra-
les de la Prairie ; c'est-à-dire, deux fois
la semaine, & que les mêmes Chefs la fissent répeter tous les jours, chacun dans
sa famille, à toutes les personnes de l'un
& l'autre sexe que j'avois soumises à leur
autorité. Quelque simple que cet ordre
de Religion puisse paroître à mes Lecteurs, la connoissance que j'avois du caractere des Abaquis me rendit presque
sûr qu'il étoit le seul propre à subsister
long-tems, sur tout lorsque j'eus résolu
d'engager les Membres du Conseil, par
un serment solemnel qu'ils feroient à leur

réception, à y tenir la main dans leurs
Quartiers respectifs, & à ne laisser jamais
interrompre ni affoiblir l'usage de la
Priere.

Le matin du grand jour où se devoit
faire cet heureux changement, j'appris
qu'un grand nombre des principaux Abaquis s'étoient assemblés dans une maison particuliere, & qu'ils y étoient depuis quelque tems à conferer ensemble,
avec un air de secret qui sembloit renfermer du mystere. Comme il pouvoit rester encore quelques semences de la révolte de M ou, j'en fus allarmé. J'allois m'y transporter moi-même, lorsqu'on m'avertit qu'ils s'étoient séparés,
& que quelques-uns d'entre-eux venoient droit à mon logis. Je pris la précaution de me tenir sur mes gardes. C'é-
toient trois des principaux Vieillards,
tous trois Membres du Conseil, qui m'é-
toient députés de la part des autres.
Etant entrés chez moi, l'un d'eux m'apprit fort respectueusement le sujet de sa
visite. Tous les Abaquis sentoient fort
bien, me dit-il, que le Dieu que je
voulois leur faire adorer étoit plus puis-
sant que le Soleil ; mais ils souhaitoient

beaucoup de fçavoir où étoit ce Dieu,
qui ne s'étoit jamais fait voir à eux comme le Soleil, & dans quel endroit du
monde il faifoit fa demeure. C'étoit fur
quoi ils me prioient de les inftruire, avant
que de les obliger d'abandonner leur ancienne Divinité. Cette queftion, & les
réflexions qui devoient fans doute l'a-
voir fait naître, me parurent extrêmement profondes pour des Abaquis. Je
leur répondis avec douceur, que j'é-
tois charmé de leur fageffe, & que je
fatisferois fi pleinement à leurs difficultés, qu'il ne leur refteroit pas le moindre fcrupule. Et comme je les connoif-
fois effectivement pour les plus raifonnables de toute la Nation, je leur expliquai le fyftême de Religion que je
voulois leur faire embraffer. Ils approu-
verent tout ce qu'ils avoient entendu;
mais je fus étonné de leur voir renouveller à la fin leur premiere objection.
Ce Dieu, me dirent-ils, ne fe montre
donc jamais? J'avoue que cette nouvelle interrogation m'embarraffa; non
par la difficulté d'y répondre, mais par
celle que je craignois à leur perfuader
que ce qu'ils ne voyoient pas pût exif-

ter réellement. Le Ciel m'inspira néanmoins le tour qu'il falloit pour faire sur
eux une forte impression. Non, leur répondis-je, il ne se montre pas ; mais il
se fait connoître par d'autres marques.
N'entendez-vous pas souvent le Tonnerre ? Ils me dirent qu'ils l'entendoient,
& qu'ils le craignoient beaucoup. Hé
bien, repris-je, c'est le Grand Dieu qui
remue ainsi le Ciel, & qui fait trembler
la Terre. Vous avez vû la pluye, la
grêle, la neige ; vous avez senti l'ardeur
du feu, la rigueur du froid ; vous voyez
croître vos arbres, vos fruits, tout ce
qui sert à votre nourriture, c'est lui qui
produit ainsi ce qui se passe continuellement à vos yeux ; & vous vous plai-
gnez, ingrats Abaquis, de ce qu'il ne
s'est jamais fait connoître à vous ! La
verité de ma réponse, le ton peut-être
dont je la prononçai, ou plutôt la bonté
infinie de Dieu qui vouloit tirer ces pauvres Sauvages de leur aveuglement, leur
désilla si entierement les yeux, qu'ils me
parurent transportés de joye de se trouver tout d'un coup au milieu de la lumiere. Ils me protesterent qu'ils n'ado-
reroient jamais d'autre Dieu que le mien ;

& m'ayant quitté dans ces sentimens,
ils les répandirent plus que jamais dans
l'Habitation, en apprenant à tous ceux
qui se trouvoient à leur rencontre, que
rien n'étoit égal au Dieu que je leur
avois annoncé, puisque c'étoit lui qui
produisoit les arbres, les fruits, le feu,
le Tonnerre, & ce qu'il y avoit de plus
admirable dans la Nature.

Ils étoient tous dans cette religieuse
disposition, lorsqu'ils se rendirent l'a-
près-midi à l'Assemblée. J'y fus charmé
de leur zéle, jusqu'à verser des larmes
de joye. Fanny & Madame Riding, qui
voulurent être témoins de ce pieux spec-
tacle, en furent aussi attendries que moi.
Ils écouterent mes discours avec une res-
pectueuse attention. Je leur proposai le
Plan que j'avois formé, je réglai le tems
& l'ordre des Assemblées ; je leur découvris avec les plus vives expressions,
& sous les plus fortes images, la grandeur du Maître qu'ils alloient servir, ce
qu'ils devoient attendre de sa bonté s'ils
le servoient fidellement, & de sa colere,
s'ils oublioient jamais les engagemens
qu'ils alloient prendre. Malgré leur grossierté, je leur fis comprendre, qu'indé-

pendamment des plaisirs & des récompenses que je promettois après la vie à leur fidelité, la Religion qu'ils embrassoient seroit d'un extrême avantage pour le bien de la Nation, & pour le soutien des Loix que j'y avois établies; qu'après l'obligation d'honorer le Dieu tout-puissant, elle ne leur en imposoit point d'autres que celles que je leur avois déja prescrites; c'est-à-dire, de s'aimer les uns les autres, & de contribuer de tout leur pouvoir au bien public & particulier. Je les exhortai sur tout à la reconnoissance pour les faveurs continuelles qu'ils recevoient du Souverain Estre. C'est lui, leur dis-je, qui vous a donné la naissance, qui vous conserve, qui vous fournit liberalement tout ce qui vous plaît & qui vous est utile. Ne sentez-vous pas qu'il faut aimer celui qui vous comble ainsi de ses bienfaits? O bons Abaquis! la Nature vous a donné un cœur; apprenez à en faire usage; & si vous êtes sensibles à quelque chose, soyez-le à ses faveurs que vous éprouvez continuellement.

Ce bon Peuple étoit dans un silence qui exprimoit son contentement & son

admiration. Je remarquai que la plûpart
tournoient les yeux vers le Ciel, lorfqu'ils m'entendoient prononcer le nom
de Dieu, comme s'ils euffent cherché
à le voir dans le lieu où je leur avois
dit qu'il faifoit fon féjour, & qu'il étoit
fur fon Trône à les obferver & à juger
de la fincerité de leur hommage. Enfin
je renouvellai leur attention en leur parlant de la Priere que j'avois compofée
pour eux; & les ayant exhorté à me fuivre de cœur, je la prononçai à haute
voix, les yeux & les bras levés. Ils imi-
terent tous ma pofture. Je dois le con-
fefer; un fentiment de joye délicieufe
fe répandit dans mon ame, en finiffant
le dernier acte de cette augufte Cérémonie. Peut-être le Ciel ne reçut-il jamais d'hommage plus fincere & plus naturel, que celui qui lui étoit rendu dans
ce moment par des cœurs fimples où re-
gnoit la droiture & l'innocence; & j'ai
toujours regardé comme une des plus
glorieufes & des plus fortunées circonftances de ma vie, la part que je puis
m'attribuer à ce grand changement.

Je m'occupai pendant quelques jours
du foin de faire apprendre ma Priere à

tous les Chefs de famille, afin qu'ils puffent l'apprendre eux-mêmes à leurs enfans. Fanny & Madame Riding ne s'é-
pargnerent pas non plus pour rendre le
même fervice aux femmes Sauvages. Elles s'étoient déja employées heureufement à leur infpirer des fentimens de pudeur & de modeftie, de l'attachement
& de la fidélité pour leurs Epoux, de
la tendreffe & de l'attention pour leurs
enfans, & à leur faire perdre quelque
chofe de leur rudeffe & de leur barbarie, fans y rien fubftituer néanmoins qui
pût les conduire un jour à la corrup-
tion des mœurs & à la moleffe. Nous
prenions toutes nos mefures de concert
& avec déliberation, & le but commun
de nos foins étoit de délivrer les Abaquis
de tout ce qui les avoit ravallé jufqu'a-
lors au-deffous de la qualité d'hommes.
Cette réflexion étoit de Fanny. A le
bien prendre, me difoit-elle, tout ce qui
eft oppofé à la raifon, ou qui s'en écarte
par quelque excès, n'appartient point à
l'humanité ; & dans ce fens, l'on trou-
veroit peut-être autant de Sauvages &
de Barbares en Europe, qu'en Amerique. La plûpart des Nations de l'Europe

s'écartent des bornes de la raison, par leurs excès de molesse, de luxe, d'ambition, d'avarice; celles de l'Amerique, par leur grossierté & leur abrutissement. Mais dans les unes & dans les autres, je ne reconnois point des hommes. Les unes sont en quelque sorte au-delà de leur condition naturelle; les autres sont au-dessous, & les Européens & les Ameriquains sont ainsi de vrais Barbares, par rapport au point dans lequel ils devroient se ressembler pour être veritablement hommes. C'est à ce point, ajoutoit-elle, qu'il faut élever, s'il est possible, nos pauvres Abaquis; & notre étude doit être de le faire par des moyens qui puissent les y fixer.

Pendant que nous rendions ces importans services à nos Sauvages, & que l'emploi que j'avois accepté me les faisoit regarder comme un devoir, nous ne perdions point de vûe nos propres interêts. Nos vœux les plus ardens étoient toujours pour la conservation de Mylord Axminster, pour le succès de ses entreprises, & pour le bonheur de le rejoindre. Notre inquiétude sur son sort rameноit là tous nos entretiens. La grossesse

de mon Epouſe étoit ſi avancée, que de
quelque maniere que les évenemens puſ-
ſent tourner, il ne falloit pas penſer à
quitter les Abaquis avant qu'elle fût délivrée. Quelques ſemaines ſe paſſerent
encore. Enfin, le moment des couches
de Fanny arriva. Elle mit au monde une
fille, qui reſſembloit, me dit-on, à ſon
malheureux pere. Triſte objet de la plus
cruelle ſentence du ſort! Hélas! ſous
quels affreux auſpices étois-tu née! Je
la pris dans mes bras, & le cœur plein
de tous les ſentimens paternels, le premier ſouhait que je fis pour elle, fut d'être
plus heureuſe que ſon pere & que ſa
mere. Mes vœux ne furent point écoutés.

Mon Epouſe ſe rétablit promptement
de ſes douleurs. Tous ſes ſoins ſe retour-
nerent ſur ſa fille. On ſçait ce que c'eſt
que la tendreſſe d'une jeune mere. Je remarquai qu'il en rejailliſſoit quelque choſe
juſques ſur ſon humeur. Elle en devint
moins mélancolique. Ses yeux me parurent moins rêveurs; & ſoit que ce cher
gage de notre amour eût redoublé ſon
affection pour moi & diſſipé ſes ſoupçons, ſoit que la ſeule joye d'être mere
produiſit ce changement, je m'apperçus

que ses caresses étoient plus vives &
plus ouvertes qu'elles n'avoient jamais
été. Les miennes ne pouvoient gueres redoubler , car je n'étois point capable d'i-
négalité dans mes attentions pour Fanny ; cependant , sa tranquillité mit dans
mon cœur quelque chose que je n'y
avois point encore senti. J'en marquai
secretement ma joye à Madame Riding ,
qui y prit part , sans s'expliquer davantage.

Je continuai pendant quelque tems à
gouverner paisiblement les Abaquis.
Quelques-uns de leurs Chasseurs ayant
rencontré un jour un Gros des Rouintons au milieu d'une forêt, l'antipathie
des deux Nations ne leur permit point
de se séparer sans en venir aux mains.
Les Abaquis furent maltraités. Ils ne s'é-
chapperent qu'avec perte d'une partie de
leurs gens ; & parmi le reste , il y en eut
peu qui revinrent sans blessures. Ce malheur ranima toute la haine de la Nation contre ces cruels voisins. La jeunesse sur tout , que les leçons continuelles d'Youngster entretenoient dans une
humeur guerriere , & qui souhaitoit pas-
sionnément de faire l'essai de ses nouvel-

les armes, me follicita vivement de luï
laiffer tirer vengeance de l'infulte que les
Abaquis venoient de recevoir. Je ba-
lançai fi je devois leur accorder cette
permiffion. La Guerre m'a toujours fait
horreur. C'eft la honte de la raifon & de
l'humanité. Excepté le cas d'une jufte
défenfe, qui doit faire gémir, même
après la victoire, une Bataille eft le dernier attentat où l'extravagance & la fureur puiffent fe porter; & dans les principes de ma Morale, un Héros guerrier
n'eft qu'un monftre infâme. Avec ces
fentimens, je ne devois pas me rendre
facilement aux inftances de mes Sauvages. Cependant, la même raifon qui m'a-
voit porté à leur faire prendre une tein-
ture de difcipline militaire fous la direction d'Youngfter, me fit penfer que ce
feroit un extrême avantage pour eux,
d'humilier les Rouintons avant mon départ, & d'ôter une fois pour toujours
à cette barbare Nation l'envie & le pouvoir même de les inquiéter. Je réfolus
de prendre moi-même la conduite de
cette Guerre, pour contenir les Abaquis dans la moderation. Je me flatai auffi
que fi les Rouintons n'étoient pas absolument

folument intraitables, il ne me feroit pas
impoffible de les gagner peu à peu , &
de les engager peut-être à fe reconcilier
fi bien avec les Abaquis, qu'ils renon-
çaffent de part & d'autre à leur haine ,
& qu'ils s'uniffent pour ne compofer
qu'une même Nation.

M'étant donc expliqué avec Youngfter fur les mefures qui convenoient à
ce deffein , je déclarai publiquement que
je croyois la Guerre jufte & néceffaire ;
& que pour donner aux Abaquis un nouveau témoignage de mon affection , je
leur promettois de me mettre à leur tête.
Les cris de joye retentirent jufqu'au Ciel.
On ne penfa plus qu'aux préparatifs.
J'en laiffai le foin à Youngfter , & je
m'occupai pendant quelques jours à raffurer Fanny & Madame Riding , à qui
cette réfolution caufoit de mortelles allarmes. Leur crainte eût été jufte , s'il y
eût eû pour moi beaucoup de rifques à
courir. Il eft certain que je n'euffe pû
fans une extrême folie , les expofer à
tout ce qu'elles pouvoient appréhender
de fâcheux fi ma mort , ou quelque autre accident , les eût privé de ma préfence & de mon fecours. Mais j'étois

sûr que les Rouintons ne tiendroient pas
un moment devant moi. Leur petit nombre , qui ne pouvoit s'être réparé depuis les pertes récentes qu'ils avoient ef-
fuyées , & l'opinion qu'ils avoient de moi
fur les bruits qui s'en étoient répandus
certainement jusqu'à eux , me faisoient
regarder cette expédition comme une
partie de Chasse de quatre jours. D'ailleurs , je me proposois bien moins de
les réduire par les armes , que de les
gagner par la douceur & par l'offre de
mes bienfaits. Je fis donc comprendre
aux deux Dames , qu'elles ne devoient
point s'allarmer le moins du monde , &
qu'il n'y avoit rien à craindre pour moi ,
non plus que pour elles , qui étoient auffi
sûrement dans l'Habitation , que dans la
meilleure Ville de l'Europe.

En effet , étant parti deux jours après
à la tête d'un Corps d'Abaquis composé
de leur plus belle Jeunesse , je me rendis
en moins de douze heures auprès de la
principale Habitation des Rouintons.
Quoiqu'ils s'attendissent bien que leurs
voisins marqueroient quelque ressentiment de leur dernicre perte , je ne m'apperçus point qu'ils fuffent fur leurs gardes avec cette vigilance que la crainte

inspire. Mais tel est, comme je l'ai déja
fait observer, le génie de la plûpart de
ces misérables Peuples. Ils ne connois-
sent ni regles de défense, ni précautions
de sagesse. Ils en viennent aux mains &
s'égorgent brutalement, sur les moindres
démêlés ; le plus foible fuit, & le vain-
queur se retire, jusqu'à ce que l'occasion
se présente de renouveller le combat. Il
m'eût été facile de fondre sur l'Habitation, & d'exterminer les Rouintons jusqu'au dernier. Mon dessein étoit tout
different. Ayant fait arrêter mes Compagnons, je députai Youngster, qui s'offrit hardiment pour ce dangereux Messa-
ge, avec trois Abaquis qui connoissoient
les lieux ; & je leur donnai ordre de proposer la Paix à nos Ennemis, à trois conditions :

La 1. qu'ils se hâtassent de ramasser
leurs armes, & de les apporter hors de
l'Habitation, pour les brûler en notre
présence.

La 2. qu'ils abandonnassent aussi-tôt
leur Canton, pour venir former un nou-
vel Etablissement dans la Vallée des
Abaquis, où je leur promettois qu'on
leur fourniroit toutes sortes de secours
& de commodités.   S ij

La 3. qu'ils y fussent soumis à mon Gouvernement.

S'ils refusoient d'accepter mon amitié à ces trois conditions, je ne leur laissois que le choix, de fuir du Canton pour n'y revenir jamais, ou d'être tous massacrés sans exception & sans quartier.

Je chargeai Youngster de leur faire cette déclaration d'un air fier ; mais de prendre ensuite des manieres douces & humaines pour les exciter à la confiance, & d'exhorter même quelques-uns des principaux d'entre eux à me venir trouver sans armes, pour recevoir des marques de la bonté que je leur promettois.

On voit, que pour agir avec cette confiance & cet air d'empire, je devois être tout-à-fait sûr du succès de ma conduite. J'avois du moins cette espece de sûreté, qui porte sur la parfaite connoissance du caractere de ceux avec lesquels on doit traiter. J'avois avec moi quinze cens hommes bien armés ; j'étois certain, par des informations assurées, que le nombre des Rouintons réunis ne passoit pas huit cens, en y comprenant leurs enfans & leurs femmes, & je sçavois que la coutume générale des Sauvages est de fuir sans combat, lorsqu'ils se sentent inferieurs en

nombre. Je n'appréhendois qu'une chose ; c'étoit que les Rouintons ne conçuf-
fent trop de frayeur lorfqu'ils me fçau-
roiént fi proche d'eux , & que fe défiant
de mes propofitions , ils ne priffent auffi-
tôt le parti de fe fauver , avec la facilité
que des Sauvages nuds ont toujours à le
faire. Mes Députés fe préfenterent hardiment à l'entrée de l'Habitation ; & pour
prévenir toute infulte , leur premier foin
fut de faire connoître qu'ils étoient fou-
tenus par un Corps de quinze cens hommes. Cette nouvelle , & la déclaration
qu'ils firent auffi-tôt du fujet de leur arrivée , fe répandirent en un inftant parmi
les Barbares , & produifirent une partie
de l'effet que j'avois prévû ; c'eft-à-dire ,
que la plûpart ne confultant que leur
crainte , fe fauverent promptement dans
les forêts voifines. Cependant , plufieurs
de ceux qui s'étoient amaffés d'abord autour d'Youngfter , & aufquels il s'étoit
adreffé , ne voyant rien qui dût les effrayer , demeurerent tranquilles à l'écouter. Il les flatta par fes difcours & fes promeffes , & il n'épargna rien pour leur faire fentir l'avantage de fes offres. Il crut
les avoir ébranlé ; mais comme ils étoient
en petit nombre , & qu'il étoit à fouhaiter

que les fuyards pussent être engagés à
revenir dans l'Habitation, il s'imagina
que le seul moyen étoit de quitter ceux
qui l'avoient écouté, en les priant de
faire comprendre aux autres qu'ils devoient être sans crainte, & que rien n'é-
toit plus avantageux pour leur Nation,
que de s'unir par une bonne paix avec les
Abaquis. Il leur laissa le reste du jour &
la nuit suivante pour déliberer, & il leur
promit de retourner à eux le lendemain
avec la même douceur & les mêmes intentions. Ce fut inutilement qu'il s'efforça de m'en amener quelques-uns : personne n'eut la hardiesse de le suivre.

Je fus ravi de voir Youngster qui venoit tranquillement, & j'en augurai bien
de sa négociation. Son rapport augmenta
mes esperances. Je louai sa conduite, &
je pris le parti d'attendre jusqu'au lendemain. Nous n'étions point éloignés de
l'Habitation ; mais une petite Colline, au
pied de laquelle j'avois assis mon Camp,
nous en cachoit la vûe. J'avois choisi cette situation, pour ne pas effrayer trop
nos ennemis par une approche brusque
& précipitée. Youngster mit un ordre
admirable dans notre petite Armée, avec
toutes les précautions qui pouvoient nous

empêcher de craindre la furprife. Le refte
du jour s'écoula fans le moindre mouvement de la part des Rouintons.

La nuit étant devenue fort fombre, on
vint m'avertir lorfque je commençois à
prendre un peu de repos, qu'on voyoit
des tourbillons de fumée épaiffe s'élever
au fommet de la Colline, avec un éclat
de lumiere qui ne pouvoit fignifier qu'un
grand incendie. J'allai m'éclaircir par mes
propres yeux. Il me fut aifé de juger que
c'étoit l'Habitation des Rouintons qui
étoit en feu, & je ne doutai pas un moment que cette cruelle Nation ne l'y eût
mis volontairement. Je donnai ordre que
perfonne ne s'écartât jufqu'au jour, appréhendant quelque autre effet du défef-
poir de ces miferables. J'envoyai le matin Youngfter à la découverte, avec une
partie de mes gens. Son rapport fut tel,
à peu près, que je me l'étois imaginé. Les
Rouintons, foit par défiance de mes promeffes, foit par un pur effet d'inhumanité
& de barbarie, avoient mieux aimé abandonner le Pays, que de fe foumettre. Ils
avoient mis le feu, en partant, non feulement à leur grande Habitation, mais à
plufieurs petits Hameaux répandus aux
environs. Leurs Cábanes, qui étoient de

bois fec, étoient déja entierement con-
fumées ; & ce qui marquoit mieux leur
caractere féroce & cruel, ils avoient
égorgé leurs vieillards & leurs malades.
Youngfter trouva encore leurs cadavres
qui avoient échappé aux flâmes.

Je m'affligeai de cette nouvelle, par
un fentiment d'humanité. Mais un trait
de cette barbarie me faifant affez connoître que je m'étois flaté vainement de pouvoir civilifer un Peuple fi brutal, je regardai comme un bonheur pour les Abaquis d'être entierement délivrés de ces
dangereux voifins. Tel fut le fuccès
de cette expédition, qui ne devoit pas
allarmer beaucoup, comme on le voit,
Madame Riding & mon Epoufe, puifque
mes Sauvages n'eurent pas même l'occafion d'y tirer un coup de fléche. Je ne me
ferois pas tant étendu fur un évenement
fi leger, s'il n'eût produit peu de tems
après des effets fi terribles, que mon fang
fe glace encore de l'engagement où je me
fuis mis de les raconter.

Fin de la premiere Partie du
Tome troifiéme.

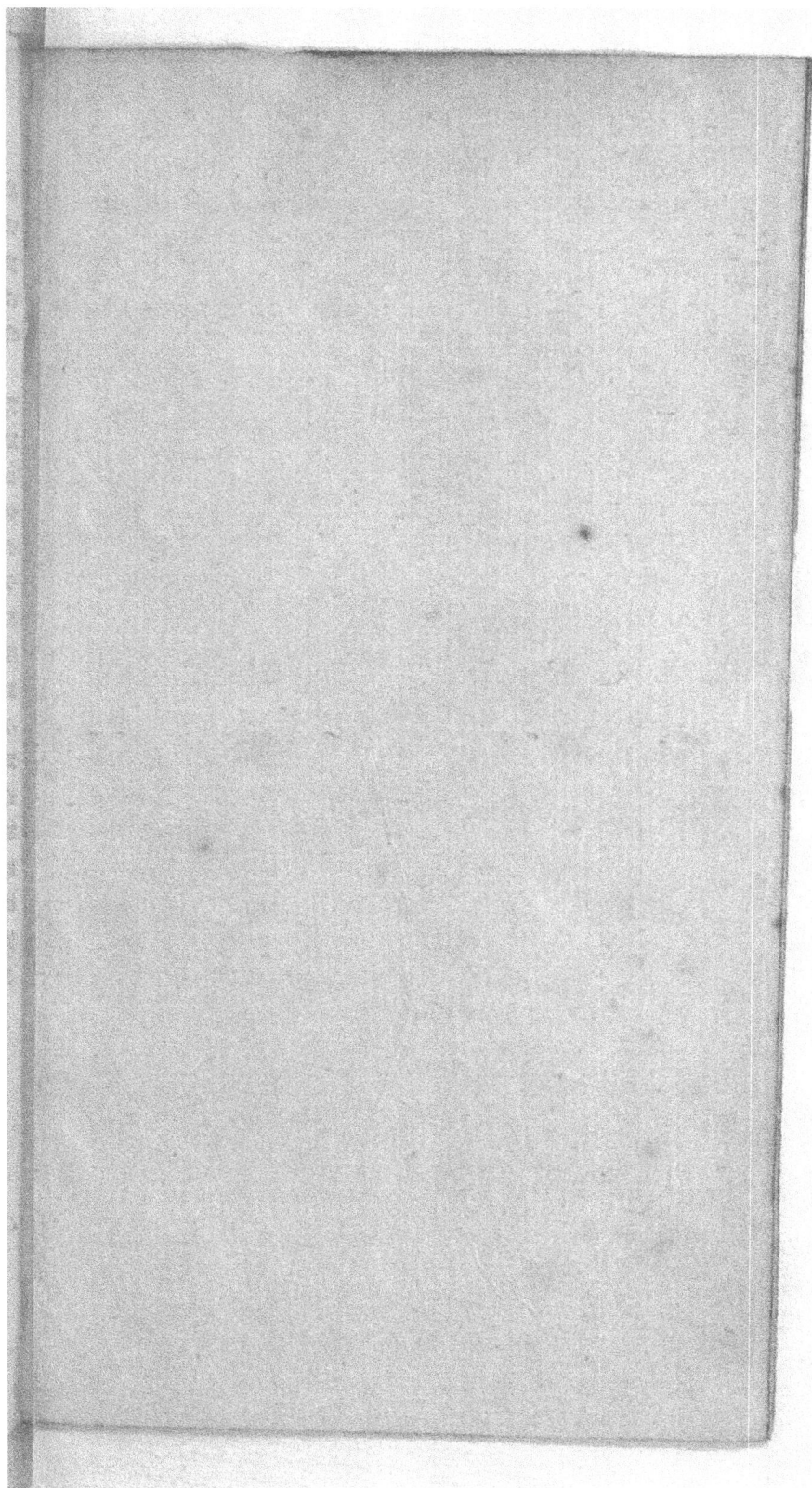

www.ingramcontent.com/pod-product-compliance
Lightning Source LLC
Chambersburg PA
CBHW060025100426
42740CB00010B/1603